继往开来
开放大学的战略发展

 刘文清　曾祥跃 ◎ 著

U0330448

OPEN UNIVERSITY

 中山大學出版社
SUN YAT-SEN UNIVERSITY PRESS
·广州·

图书在版编目（CIP）数据

继往开来：开放大学的战略发展/刘文清，曾祥跃著. —广州：中山大学出版社，2023. 12

ISBN 978 - 7 - 306 - 07855 - 1

Ⅰ. ①继…　Ⅱ. ①刘…　②曾…　Ⅲ. ①开放大学—教育建设—研究—中国　Ⅳ. ①G724. 82

中国国家版本馆 CIP 数据核字（2023）第 134958 号

JIWANGKAILAI：KAIFANGDAXUE DE ZHANLÜE FAZHAN

出　版　人：王天琪
策划编辑：赵　冉
责任编辑：井思源
封面设计：周美玲
责任校对：魏　维
责任技编：靳晓虹
出版发行：中山大学出版社
电　　话：编辑部 020 - 84110283，84113349，84111997，84110779，84110776
　　　　　发行部 020 - 84111998，84111981，84111160
地　　址：广州市新港西路 135 号
邮　　编：510275　传　真：020 - 84036565
网　　址：http：//www. zsup. com. cn　E-mail：zdcbs@ mail. sysu. edu. cn
印　刷　者：广东虎彩云印刷有限公司
规　　格：787mm × 1092mm　1/16　15. 5 印张　246 千字
版次印次：2023 年 12 月第 1 版　2023 年 12 月第 1 次印刷
定　　价：60. 00 元

代序　开放大学一定是"绿色"的

　　自 2012 年我国批准"5 + 1"所开放大学试点以来，国家开放大学，以及北京、上海、江苏、广东、云南 5 所省级开放大学通过积极有效的探索，在学科与专业建设、优质资源开放共享、教学质量提升、老年教育与社区教育开展、人才培养模式改革等方面，均取得了显著成效。在"加快建设高质量教育体系，发展素质教育，促进教育公平"方面做出了重要的贡献与积极的探索。当然，正如书中所说的那样，中国的开放大学系统仍然存在诸多亟需解决的问题，包括如何建设一流开放大学、如何彰显新型高校的优势、如何整体提升办学质量、如何充分利用现代信息技术等等。同时，本书也立足新时代的发展要求和开放大学的发展现状，聚焦一流的开放大学建设，全面分析开放大学的战略发展，包括开放大学的战略定位与战略布局，开放大学的办学体系、学科专业与课程资源建设，开放大学的人才培养体系与终身学习体系建设，以及终身教育学分银行与资历框架建设，等等。并且从信息化发展视角，分析了信息技术引领的办学模式变革，探讨了开放大学未来发展新形态。这些对开放大学的建设、改革和发展都具有非常现实的意义。而在我看来，所有这些问题与思考实际上都指向了一个核心问题——在高质量发展与建设教育强国的宏伟蓝图中，开放大学究竟应该如何定位，特别是进一步发挥自身的独特优势，成为教育强国中一支不可或缺的"方面军"。这也在告诉我们，中国的开放大学是"绿色"的，是学习型社会的重要建设者、生态文明建设的独特贡献者，以及可持续发展中的有力支撑者。

　　我过去曾经参加过教育部与有关部门关于终身学习与学习型社会的研究项目，以及相关政策与规划的研究，也学习过国家开放大学的发展规

1

划，对开放大学的教育功能与独特的价值有了一些新的认识。尤其是在中国教育进入新发展阶段以后，我越来越感到终身学习与学习型社会对教育强国建设的重要性。联想到中国新发展理念的内涵与教育高质量发展的要求，以及联合国教科文组织2022年发布的报告《一起重新构想我们的未来：为教育打造新的社会契约》中对全球教育改革的呼吁，我越来越认识到，学习型社会的建设及其意义已经在过去的基础上有了新的发展与变化，它不仅仅是给当下的教育做一个"加法"，也并非简单的个人受教育年限的延长，而是对教育活动的系统重构，是整个教育结构的整体优化；它绝不仅仅是教育领域自身的事情，而是与整个国家和社会生态文明建设息息相关的、是社会可持续发展的必由之路。而"绿色"的开放大学在这个领域是大有可为的。

首先，开放大学的这种"绿色"，充分反映了开放大学是生态文明建设的重要组成部分，也是生态文明建设的重要基础与战略性支撑，是实现可持续发展的重要途径。1987年，世界环境与发展委员会在《我们共同的未来》报告中，将可持续发展定义为："既能满足当代人的需要，又不对后代人满足其需要的能力构成危害的发展。"这一简单而内涵极为丰富深刻的定义客观上赋予了开放大学在教育强国建设中新的定位与使命。这种"绿色"意味着开放大学具有了一种新的发展境界与本质特征，它表达了一种环境友好的办学定位、一种对自然的敬畏，以及对未来的一种责任；这种"绿色"赋予了开放大学体系中的教育管理者、教师与学生一种新的角色与精神，让他们在校园和教室里看到了更广袤的世界，在当下看到了遥远的未来，把自身的喜怒哀乐与大千世界中芸芸众生的感受休戚与共；这种"绿色"延展了开放大学某种新的生命，它不仅能够为儿童带来福利，而且也是对成人生活的一种支撑，持续地为人们的发展提供机会，为人们寻求更美好的生活不断地"充电"，让人们可以永远怀抱理想而重头再来，实现"生命之树"常青的梦想；这种"绿色"还极大地放大了教育的"红利"，让开放大学的功能有了更大的增值，为人们的终身发展提供足够与充分的学习机会与教育资源，为教育的公平拓展更加恢弘的空间与更加广泛的可能性，等等。

其次，开放大学的这种"绿色"，使教育强国正在成为实现可持续发展的必由之路。在这条可持续发展的必由之路上，开放大学获得了一种新的知识观，一种"绿色"的知识理念。这种"绿色"的知识观要迭代近代社会征服自然的知识观，包括英国思想家培根所谓"知识就是力量"的理念。这种知识观并非力图控制与统治自然与社会，也并不是为了"用一种统合的科学，数学化地解释所有现实领域。把一切世界现象、自然进程、心理和社会进程作为多重因果关系进行解码、计算和预测，以便借此进行计划"与控制。而"绿色"的知识观则是赋予了知识一种新的价值，这种价值可以成为人类与大自然和谐相处的媒介与融合剂，是人类赠与和滋养大自然的礼物。

最后，开放大学的这种"绿色"，开辟了新时代教育改革发展的一片新的天地。今天的教育与学习已经不仅仅是为了当下的成功，也不是单纯以分数与考试作为追求的目标，而是为了努力培养与发展一种更加炽热的学习热情与蓬勃的学习愿望，形成一种有效与自觉的学习积极性与能力。这是一种可持续发展的教育价值观，其基本标志之一在于能够培养与强化学习者热爱学习、善于学习、终身学习的意识与能力。这才是教育作为建设现代化国家的人才高地，支持科技自立自强，提高人才自主培养质量的基础性与支撑性的作用及其重要与独特的功能与价值。这种"绿色"的开放大学，正是要培养具有持续学习愿望与能力的人，造就能够终身学习与健康发展的人。所以，这种"绿色"的教育价值观应充分尊重学生的内在兴趣与个性需求，努力培养与发展学习者的自信心，帮助和引导他们对自身形成合理的自我认同，不断明确自己的成长方向与发展需求，培养一种可持续发展的素养；它应更加重视与培养学生的好奇心、求知欲与创新思维等，在他们内心深深地扎下不断探索与进取的雄心壮志与探索未知领域的热情与态度；它不仅要注重学生当下的成绩，更应该考虑未来的发展与需求。这才是真真正正的教育，才是自始至终的人生的"基础"。

"绿色"是新发展理念中的主要内容之一，是高质量发展的普遍形态，也是教育改革发展的基本理念与重要任务。《继往开来：开放大学的战略发展》一书正是给我们展示了这片"绿色"的深远意境与丰富内涵，为人们亲近这片"绿色"提供了清晰的路径。而这本书本身也是学习型社会的理论研究与实践探索中的一片"绿叶"。我相信，中国的开放大学系统这片小小的"绿叶"，一定能够为整个国家学习型社会的建设，乃至于教育强国的"绿色"增添一缕新鲜的气息。

谢维和

2023 年 11 月于清华园荷清苑

前　　言

党的二十大报告提出要"加快建设高质量教育体系，发展素质教育，促进教育公平"。开放大学作为终身教育体系的核心建构者，同时作为教育公平的促进者和实践者，充分利用现代信息技术和社会优质资源、发挥自身体系办学优势、建构高质量的开放教育体系、打造一流的大学是其应然选择。

自 2012 年国家批准"1 + 5"所开放大学试点以来，国家开放大学及北京、上海、江苏、广东、云南 5 所省市级开放大学通过积极有效的探索，在学科与专业建设、优质资源开放共享、教学质量提升、老年教育与社区教育开展、人才培养模式探索等方面，均取得了显著成效。然而，开放大学仍然存在诸多亟须解决的问题，包括一流的开放大学如何建设、新型高校的优势如何彰显、办学质量如何整体提升、现代信息技术如何充分利用、开放大学如何实现国际化发展等。这些问题的解决，需要开放大学从战略层面进行系统的思考与规划。

开放大学的战略规划不仅要承前启后、继往开来，充分利用开放大学的已有基础和固有优势，保持战略规划的延续性；同时也要开拓创新、勇于破局，立足时代发展新机，在变局中立新局。本书立足时代发展新机和开放大学的发展现状，聚焦一流开放大学的建设，探讨了开放大学的战略定位与战略布局，分析了开放大学的办学体系建设、学科专业建设、课程资源建设，并对开放大学的人才培养体系建设与终身学习体系建设进行了研究，对学分银行与资历框架建设进行了深入探讨。最后，本书从信息化发展视角，分析了由信息技术引领的大学变革，探讨了开放大学未来发展

1

新形态。本书可以作为开放大学战略规划的参考用书，也可以作为开放大学办学实践的指导用书，对于开放大学的管理者、研究者来说，均有良好的参考价值。

刘文清

2023 年 11 月于广东开放大学

目　　录

第一章　厚积薄发：开放大学的试点探索

20 世纪 60 年代以来，各国创办的公立开放大学以远程教育技术为支撑，为学生提供了多元化的学习教育服务，成为教育体系中最能贯彻终身学习、终身教育理念的载体和平台，使人人皆学、时时能学、处处可学、样样有学成为现实。在我国，1978 年，邓小平同志亲自倡导并批准创办中央广播电视大学，建立起了覆盖全国的广播电视大学系统。2012 年后，中央广播电视大学逐步更名转型成为国家开放大学，办学 40 多年来累计招收各类学生 2050 余万人，为国家人才培养和经济社会发展做出了卓越的贡献。党的十九大以来，习近平总书记多次指出："当今世界正经历百年未有之大变局。"国运兴衰，系于教育；教育振兴，全民有责。随着世界多极化、经济全球化、社会信息化、文化多样化的深入发展，新一轮科技革命和产业变革带来了前所未有的激烈竞争，人才竞争越发激烈，提高国民素质、创新人才培养模式的重要性和紧迫性日益凸显。在新的发展阶段，开放大学如何找准定位、深化改革创新，继往开来地探索富有中国特色的高质量发展路径，更好地发挥在服务全民终身学习的教育体系中的生力军作用，是其在新时代亟须研究和探索的重大课题。

第一节　开放大学试点的发展历程

开放大学是面向全体社会成员，尤其是面向没有条件接受高等教育的社会大众和各种弱势群体，利用现代信息技术手段开展开放教育的新型高校。在我国，推动原广播电视大学向开放大学试点和转型是适应高等教育大众化阶段扩大高等教育规模的需要，是在新的历史起点上，贯彻落实教育规划纲要、推进国家教育综合改革创新的重大战略部署，也是搭建全民终身教育的发展平台、建设学习型社会的重要支撑，对教育公平和社会公正具有积极的促进作用。

一、开放大学试点的启动

在 40 多年的办学时间里，原中央广播电视大学和 44 所省级广播电视大学及市州分校（市州广播电视大学）、区县工作站（区县广播电视大学）共同组成了覆盖全国的一体化办学体系，积累了低成本、高效益举办高等学历继续教育和面向在职人员开展职业教育的中国经验，彰显了中国特色社会主义"集中力量办大事"的制度优势。[①] 21 世纪以来，随着我国高等教育和现代信息技术的发展，原来的广播电视大学系统面临生源减少、教育教学模式转型等挑战。2010 年 7 月，《国家中长期教育改革和发展规划纲要（2010—2020 年）》提出"健全宽进严出的学习制度，办好开放大学"要求，拉开了开放大学试点的序幕。2010 年 9 月，郝克明同志在给刘延东同志的一份报告中提出："在中央和地方广播电视大学的基础上，整合相关教育资源，组建覆盖城乡的开放大学，是中国推进终身学习的重大战略措施。"刘延东同志明确批示："建议很好，请教育部认真研究落实。"2010 年 10 月 24 日，在《国务院办公厅关于开展国家教育体制改革试点的通知》（国办发〔2010〕48 号）的重点任务中，要求北京市、上海市、江苏省、广东省、云南省、中央广播电视大学探索开放大学建设模式，建立学习成果认证和"学分银行"制度，完善高等教育自学考试、成人高等教育招生考试制度，探索构建人才成长"立交桥"。为此，北京市、上海市、江苏省、广东省、云南省、中央广播电视大学分别提出了开放大学的建设方案，明确了开放大学的战略目标、发展布局、试点方法与试点路径等，开始探索开放大学的转型发展。

在国家开放大学的建设方案中，战略目标是经过十年的努力，把国家

[①] 参见教育部印发的《国家开放大学综合改革方案》（教职成〔2020〕6 号）。

开放大学建设成为我国高等教育体系中的一所新型大学、世界开放大学体系中富有中国特色的一流开放大学，使其成为我国学习型社会的重要支点；战略任务是大力发展非学历继续教育，稳步发展学历继续教育，推进现代科技与教育的深度融合，搭建终身学习"立交桥"；运行机制是"统一战略、共同平台、资源共享、相对独立、各具特色"；建设思路是以促进学习型社会为宗旨，以现代信息技术为支撑，以改革创新为动力，以"立足长远、兼顾现实、平稳有序、扎实推进"为工作方针建设国家开放大学；改革重点包括办学模式改革、管理模式改革、培养模式改革、服务模式改革，并将网络平台建设、学习资源建设、师资队伍建设、学分银行建设作为四大重点任务。

　　广东开放大学作为省级开放大学，其建设方案中的战略目标是建设一所以现代信息技术为支撑、汇集社会优质教育资源、面向全体社会成员、服务终身教育、具有鲜明特色、与国际接轨的国内一流的开放大学；办学使命是充分发挥现代远程教育办学特色和优势，服务全民学习、终身学习的学习型社会建设；办学性质是由广东省政府主办、广东省教育厅主管，以现代信息技术为支撑，面向全体社会成员、服务终身教育的具有独立法人资格的公办新型高等学校；主要任务是开展多层次的开放式高等学历继续教育，开展多渠道、全方位的职业技能培训，开展公益性社区教育，提供终身教育服务，开展终身教育及开放大学建设研究，开展对外交流与合作，开展文化传承创新。广东开放大学设置了六项重点任务：信息化基础设施建设、终身教育课程体系与学习资源建设、学习支持服务体系建设、质量保障体系建设、学习成果认证与"学分银行"建设、高素质人才队伍建设。

　　综合国家开放大学与广东开放大学的建设方案可以看出，两个方案有很多共同点。两者均以服务学习型社会建设为重点，以建设一流开放大学为目标，以学历教育与非学历教育并举为手段，将网络基础设施建设、资源建设、师资队伍建设与学分银行建设作为开放大学建设的重点任务。同时，两者在定位上也存在差异，比如，国家开放大学旨在将自身建设成为世界开放大学体系中富有中国特色的一流开放大学，而广东开放大学旨在将自身建设成为国内一流的开放大学。

二、开放大学试点的审批

经过近两年的探索，2012 年 6 月 21 日，教育部印发了《教育部关于同意在中央广播电视大学基础上建立国家开放大学的批复》（教发函〔2012〕103 号）（简称《批复》），批准在中央广播电视大学的基础上建立国家开放大学。《批复》指出，国家开放大学是教育部直属的，以现代信息技术为支撑，学历继续教育与非学历继续教育并举，实施远程开放教育的新型高等学校。这是贯彻落实教育规划纲要、推进教育改革创新的一项阶段性成果，是建设全民学习、终身学习的学习型社会的重大战略举措，意义深远。① 同日，教育部印发了《教育部关于同意北京广播电视大学更名为北京开放大学的批复》（教发函〔2012〕104 号）、《教育部关于同意上海电视大学更名为上海开放大学的批复》（教发函〔2012〕105 号），同意北京广播电视大学更名为北京开放大学、上海电视大学更名为上海开放大学，并于 2012 年 7 月 31 日在人民大会堂为国家开放大学、北京开放大学、上海开放大学隆重举办揭牌仪式，时任国务委员刘延东同志出席仪式并发表重要讲话。

2012 年 12 月 26 日，教育部印发了《教育部关于同意江苏广播电视大学更名为江苏开放大学的函》（教发函〔2012〕285 号）、《教育部关于同意云南广播电视大学更名为云南开放大学的函》（教发函〔2012〕286 号）和《教育部关于同意广东广播电视大学更名为广东开放大学的函》（教发函〔2012〕287 号），同意江苏广播电视大学、云南广播电视大学、广东广播电视大学分别更名为江苏开放大学、云南开放大学与广东开放大学。正式开启了"1＋5"，即 1 所国家开放大学与 5 所地方开放大学的试点。

"探索开放大学建设模式"试点的价值在于促进广播电视大学更加适应国家战略发展、经济社会和人的全面发展需要，进一步转变思想观念、

---

① 参见国家开放大学《从广播电视大学到国家开放大学》，《中国教育报》2012 年 7 月 31 日第 3 版。

改革体制机制与人才培养模式，以及充分利用现代科学技术手段突破时空制约，促进人人皆学、时时可学、处处能学的学习型社会的实现。从试点的实际情况看，6 所开放大学都提出了适合各自实际情况的试点探索方案，并取得了不少阶段性实践成果。

三、开放大学试点的阶段

开放大学的试点过程大体可分为三个阶段。即初步探索阶段、规范发展阶段、转型发展阶段。

（一）初步探索阶段

开放大学的筹备建设阶段自 2012 年 6 所开放大学获批建设开放大学开始，截至 2016 年年初《教育部关于办好开放大学的意见》的出台。在该阶段，6 所开放大学基于独立自主办学理念，积极探索开放大学建设模式，包括建立完善开放大学办学体系、加强师资队伍建设、申办学士学位授予资格等。在初步探索阶段，各开放大学均发展成为具有独立、完整办学功能的新型高校：云南开放大学从 2012 年开始自主招生；上海开放大学在更名之前就可以自主招收专科生，2012 年起自主招收本科生；江苏开放大学从 2013 年开始自主招生；北京开放大学、广东开放大学均从 2015 年开始自主招生。此外，5 所地方开放大学作为国家开放大学分部，也随国家开放大学一同招生。

在中国知网，以篇关摘"开放大学"搜索初步探索阶段（2012 年 6 月—2015 年 12 月）的文献，共获得相关文献 4017 篇，平均每年发表约 1000 篇文章。搜索量排名前 10 的研究主题依次为：开放大学、国家开放大学、开放大学建设、开放教育、学习者、广播电视大学、开放性、远程教育、教学模式、北京开放大学（如图 1 - 1 所示）。可见，该阶段的研究主题以如何建设开放大学为中心，主要围绕开放大学、开放教育、教学模式、学习者、开放性等方面开展研究。

在办学业绩方面，截至 2016 年，6 所开放大学共设置专业 210 个，其中本科专业 49 个、专科专业 161 个；累计招生 392 万人，其中本科 117

万人、专科 275 万人，注册在学人数 369 万人；开展非学历培训项目 56 个，开发非学历教育资源 240 余万学时，开展线下培训 38 万多人次。

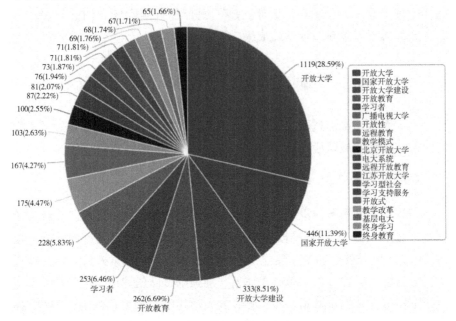

图 1-1　初步探索阶段研究主题占比

（二）规范发展阶段

2016 年 1 月 16 日，教育部印发了《教育部关于办好开放大学的意见》（教职成〔2016〕2 号），提出了明确功能定位、完善办学系统、建设优质课程、强化质量保障、建设学分银行等 12 项重点任务；强调要适应经济社会发展新需求，运用现代信息技术发展新成果，探索具有中国特色、体现时代特征的开放大学办学模式；要求到 2020 年，中国特色开放大学体系初步建成，现代信息技术应用更加成熟，优质教育资源更加丰富，学习条件更加先进，学习制度更加灵活，办学体系不断完善，基本满足多样化学习需求，为学习型社会提供重要支撑，为人力资源开发提供重要保障。可见，该文件对开放大学的办学理念提出了更为明确的建设目标与建设要求，也促进了开放大学的规范、快速发展。各开放大学在该文件的引领下，进一步夯实了开放大学的办学基础。

2016 年 9 月，教育部印发了《教育部关于推进高等教育学分认定和转换工作的意见》（教改〔2016〕3 号），提出了"除学习本校课程获得学分外，还可通过学习外校课程、参加高等教育自学考试、转换非学历学习成果等方式获得学分"。该文件的出台，对于开放大学的"学分银行"建设以及学习成果的认定与转换工作起到了快速推动的作用。

在中国知网，以篇关摘"开放大学"搜索规范发展阶段（2016 年 1 月—2020 年 8 月）的文献，共有相关文献 4562 篇，每年发表相关论文约 900 篇。搜索量排名前 10 的研究主题依次为：开放大学、国家开放大学、开放教育、学习者、广播电视大学、开放大学建设、改革开放、开放性、远程教育、社区教育（如图 1-2 所示）。对比筹备建设阶段排名前 10 的关键词，可以发现，开放大学建设这一研究主题的排名由筹备建设阶段的第 3 名变成第 6 名，开放教育、学习者、广播电视大学这些研究主题跃居开放大学建设之前，该阶段的研究主题不再以开放大学建设为中心，研究主题更贴近教育、教学，如开放教育、学习者等。

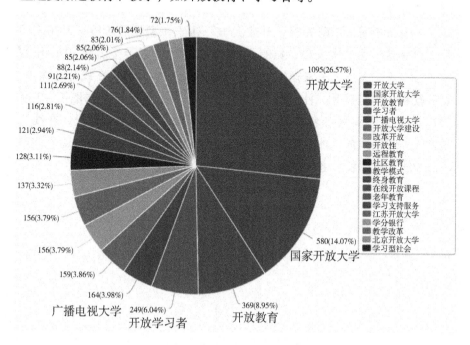

图 1-2 规范发展阶段研究主题占比

（三）转型发展阶段

2020 年 8 月 31 日，教育部印发了《国家开放大学综合改革方案》（教职成〔2020〕6 号），提出要推进现有广播电视大学转型为地方开放大学；推动有关省（区、市）人民政府及新疆生产建设兵团和有关计划单列市、副省级城市人民政府将所属的 39 所省级广播电视大学统一更名为××（省名或城市名）开放大学，规范其市州、区县分支机构名称；支持更名后的 39 所地方开放大学发展为国家开放大学的区域中心（分校或分部），统一纳入国家开放大学的办学体系。39 所省级广播电视大学转型为地方开放大学后，作为地方政府所属高等学校的隶属关系及管理体制保持不变，原有的学历教育及非学历教育办学权保持不变，以实施国家开放大学继续教育业务为主，通过共建共享方式适度开设体现区域特色、满足地方需求、服务当地经济社会发展、职业技能导向明确的专业、课程。迄今，39 所地方开放大学已全部更名。该文件的出台，标志着广播电视大学体系向开放大学体系的全面转型，使得我国广播电视大学全面进入开放大学阶段。

在中国知网，以篇关摘"开放大学"搜索转型发展阶段（2020 年 9 月—2022 年 5 月）的文献，共有文献 1780 篇。搜索量排名前 10 的研究主题为：开放大学、国家开放大学、开放教育、学习者、在线开放课程、老年教育、远程教育、社区教育、终身教育、教学模式（如图 1-3 所示）。该阶段搜索量排名前 10 的研究主题不再有开放大学建设，在线开放课程、老年教育、社区教育等研究主题的排名进入前 10，体现了该阶段对在线开放课程、老年教育与社区教育建设的重视。

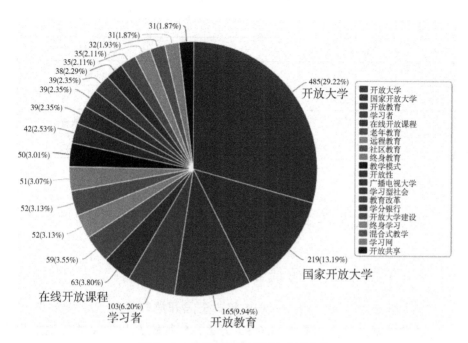

图 1-3　转型发展阶段研究主题占比

综上所述，开放大学不同试点阶段的研究主题排序情况详见表 1-1。可以发现，"开放大学""国家开放大学"研究主题在各个试点阶段均位居前列，其他研究主题则应发展阶段不同而有所区别。

表 1-1　开放大学不同试点阶段的研究主题排序情况

序号	初步探索阶段	规范发展阶段	转型发展阶段
1	开放大学	开放大学	开放大学
2	国家开放大学	国家开放大学	国家开放大学
3	开放大学建设	开放教育	开放教育
4	开放教育	学习者	学习者
5	学习者	广播电视大学	在线开放课程
6	广播电视大学	开放大学建设	老年教育

续表 1-1

序号	初步探索阶段	规范发展阶段	转型发展阶段
7	开放性	改革开放	远程教育
8	远程教育	开放性	社区教育
9	教学模式	远程教育	终身教育
10	北京开放大学	社区教育	教学模式

四、开放大学试点的成绩

（一）开放大学的试点规模

从办学规模来看，2012—2019 年，全国开放教育共招生 930.42 万人，其中国家开放大学招生 856.99 万人，5 所地方开放大学自主招生 73.42 万人，5 所地方开放大学自主招生占比为 7.89%。5 所地方开放大学中，云南开放大学自主招生人数最多，为 24.38 万；北京开放大学自主招生人数最少，为 1.77 万。

从办学层次看，2012—2019 年，全国共招收开放教育本科生 233.50 万人，其中国家开放大学招收本科生 225.59 万人，5 所地方开放大学自主招收本科生 7.91 万人，仅占 3.39%；全国共招收开放教育专科生 696.91 万人，其中国家开放大学招收专科生 631.41 万人，5 所地方开放大学自主招收专科生 65.51 万人，占比为 9.4%。可见，5 所地方开放大学自主招生以专科生为主。

从招生专业看，2012—2019 年，5 所地方开放大学共有 116 个自主招生专业，其中本科专业 45 个、专科专业 71 个。从专业数量来看，上海开放大学自主招生专业数量最多，为 46 个；其次是广东开放大学，开设 40 个自主招生专业；江苏、云南、北京三所开放大学自主招生专业数量相差不多，均在 30 个左右。（李静 等，2021）

（二）开放大学的试点成绩

我国开放大学经过 10 多年的实践与发展，在各方面均取得了显著的建设成就。早在 2017 年，郝克明就对开放大学试点工作进行了较为全面的总结，主要包括五个方面。一是加强了开放大学制度建设。开放大学普遍制定了适用于自身发展规划和建设的有关文件，明确要把开放大学建设成为开放、优质、灵活、特色鲜明的新型高等学校和全民终身学习的服务平台。二是人才培养紧密结合地区经济、科技和社会发展及广大学习者的需要，在高等学历教育方面，按照"适应需求、行业支撑、适合在线、追求卓越、错位发展"的专业建设原则，调整原有的专业和设置新的专业。三是把提高人才培养质量摆在突出位置，通过与企业和高水平大学合作，整合和引进优质高等教育资源，加强专职和兼职教师构成的高水平教学团队建设等重大措施的落实，努力提高教学质量。四是强化信息技术应用，积极探索信息技术与教学改革的融合，教师从授课者努力转变为学生学习的咨询者、引导者和组织者。五是探索建立"学分银行"制度，为学习者通过不同类型的教育和学习所取得的学习成果的认证和转换提供服务，搭建通过多种学习途径培养人才的"立交桥"并取得重要进展。

第二节　国家开放大学的试点探索

国家开放大学自 2012 年更名以来，引领国家开放大学体系建设，开展全方位的开放大学试点探索，取得了良好的试点成绩。其试点探索主要包括以下五个方面。

一、模式探索

国家开放大学充分发挥"两级统筹、四级办学"的优势，形成了具有自身特色的开放大学办学模式。国家开放大学原校长杨志坚将国家开放大学办学总结为六大模式。一是初步形成了一个"集约集团办学、多元多样主体、开放平等包容"的"办学共同体"。二是初步构建了集教、学、管、研、服等于一体的在线大平台，建设了3万多门"五分钟课程"和280多门专业网络核心课程。三是确立了"学历与非学历并举"发展服务模式，开展了各种类教育培训，成立了老年开放大学等。四是探索形成了集网络学习空间、网络学习课程、网络教学团队、网络学习支持、网络学习测评、网络教学管理于一体的"六网融通"人才培养模式。五是建立了"学分银行"模式，研发了可以支撑亿万级学习者开户、存储、积累与转换的信息服务平台，以及新一代在线学习与学习成果认证平台——学银在线。六是探索了国际化发展模式，搭建了MyEChinese国际汉语远程教学平台，在赞比亚、坦桑尼亚各国建立了海外学习中心，并积极与国外开放大学合作开展相关项目研究。（杨志坚，2019）

二、人才培养

截至"十三五"时期末，国家开放大学具备招生资格的专业（方向）有237个，其中高中起点本科专业（方向）12个、专科起点本科专业（方向）58个、专科专业（方向）167个。"十三五"期间，学历教育累计招生632.2万人，毕业421.6万人，共52485人获得学士学位（其中国家开放大学学位14506人、合作高校学位37979人）。职业中等教育累计招生123万人，毕业70.7万人。与德国马格德堡大学联合培养硕士首期招生18人。建设完成547门学历教育网络课程，更新文字教材554种，制作学历教育视频资源33万分钟，建设完成3.8万个"五分钟课程"。

三、队伍建设

国家开放大学的教师队伍建设持续加强。逐年引进高水平专任教师，国家开放大学有全职专任教师168人（含专职科研人员），具有博士学位的教师超过50%，45岁以下的中青年教师超过60%，具有高级专业技术职务的教师将近60%。组织各类教师培训126期，共计培训32323人次，基本实现了教师培训全覆盖。其中，有6位教师分别荣获"北京市高等学校教学名师"和"北京市高等学校青年教学名师"称号。

四、老年教育

2015年1月，国家开放大学联合全国老龄工作委员会办公室、民政部中国社会福利与养老服务协会、人力资源和社会保障部职业技能鉴定中心成立老年大学，积极引领与带动整个办学体系举办老年教育。截至2021年，已有30所分部成立省级老年开放大学，在216个地（市）、889个县（市、区）、6856个乡镇（街道）、46698个村（社区）设立老年教育学习点。线上平台注册用户数总计630余万人，线下累计开办10万个班级，学员已超过573万人次。国家开放大学通过多种方式集聚了9大类38万分钟的适合老年人学习的优质数字化学习资源，编制了《老年教育资源目录》，整合主题式课程400余门，通过国家开放大学老年大学学习网为老年学员提供课程学习服务。目前，国家开放大学建设的老年大学多终端学习平台已提供学习支持服务近3000万人次。

为了响应国家号召，国家开放大学组织开展了"智慧助老"行动。为解决老年数字鸿沟问题，国家开放大学专门开辟了"生活学院"系列课程，内容涵盖智能手机操作、数码摄影教学、实用生活英语等多个生活领域，切实解决了中老年人在实际生活中的学习和应用需求。为了圆老年人的学历梦，国家开放大学还针对相应的需求策划了老年学历教育，按照老年人的学习特点，以课程为模块、以学分为基础，设计了适合老年学习者的课程体系证书。目前，已经为老年人设计了涉及7个类别的20个专业（方向）。[①]

为实施积极应对人口老龄化国家战略，建设服务全民终身学习的学习型社会、学习型大国。根据党中央国务院作出的重大战略部署，2023年3月3日，国家老年大学正式揭牌。

---

① 参见中国教育电视台《承担国家老年大学筹建重任 构建终身教育体系》，见搜狐网（https://www.sohu.com/a/506780882_121648）。

国家老年大学以国家开放大学办学体系为基础，承担老年教育教学、技能培训、文化传承等任务，面向全国老年人开展线上线下相结合的教学活动。为全国各级各类老年大学提供资源共享、教学指导和公共服务，搭建全国老年教育资源共享和公共服务平台，在创新发展老年教育中发挥示范、引领作用，促进老年人"厚德修身、终身学习、主动健康、乐享生活、积极作为"，不断满足老年人多样化的学习需求，努力为实现老有所学、老有所乐、老有所养、老有所为创造更好的条件。

五、社区教育

国家开放大学依托开放大学体系大力开展社区教育，建立了国家开放大学社区教育实验中心 14 个、实验基地 50 个，举办的线上线下社区教育活动累计服务超 500 万人次，推动 13 个省、200 多个地市的社区教育指导机构"落户"开放大学体系。

2017 年，国家开放大学搭建中国社区教育网，与各地终身学习网形成全国社区教育、老年教育资源共建共享公共服务平台，为居民提供线上线下多种形式的学习支持服务。截至 2021 年，开放大学体系中社区教育数字化资源累计达 300TB，注册学习用户超过 7000 万。全国有数以亿计的社区成员参与社区教育活动。

第三节　地方开放大学的试点探索

在国家开放大学积极进行开放大学试点探索的同时，北京开放大学、上海开放大学、江苏开放大学、云南开放大学、广东开放大学也分别基于自身的办学优势和地域优势进行了积极的、卓有成效的试点探索。

一、北京开放大学的试点探索

北京开放大学自 2012 年经教育部批准成立以来，积极探索开放大学办学。

在战略定位上，北京开放大学以"学有所教，有教无类"为办学理念，以"好学力行，弘毅致远"为校训，以"质量立校，人才强校，开放兴校"为发展战略，将办学目标确定为"服务北京学习型城市建设，促进继续教育的创新发展，建设特色鲜明、国内一流、首都人民满意的新型大学"。（杨公鼎、褚宏启，2020）

在体系建设上，北京开放大学重视体系关系的维护，坚持做到不添乱、不争利、多帮忙、多请教。总校和分校之间既是感情共同体，也是利益共同体，更是事业共同体。北京开放大学提出总校和分校要共同谋发展，共商、共建、共享、共赢，总校对分校要做好统筹、引领、支持、服务的工作。

在服务全民终身学习方面，北京开放大学积极探索，努力创建终身学习品牌，先后创办"北京学习型城市网""首都市民终身学习平台""北京市民终身学习网"，为小学数学教师、幼儿园新入职教师、农村成人教育教师、社区学习指导师等各类教师提供在线培训；合作共建"首都女性终身学习平台"，履行北京市社区教育指导中心职能，共建全市社区教育联盟；开通"首都父母学堂"荔枝微课课堂，吸引粉丝 4 万多人，累计阅读量达到了 30.26 余万次，人气达到了 699.37 万人次。北京开放大学的非学历教育快速发展，线上培训人次出现几何式上升趋势，通过京学网、荔枝微课、社会教育在线等平台学习的人次由 2013 年的 1 万人次，发展到 2018 年的 354 万人次。（孙平、梁建梅，2019）

在国际化办学方面，北京开放大学与英国开放大学、德国哈根函授大学、波兰托伦哥白尼大学、德国奥斯特法利亚应用科技大学等开放大学和普通高等学校建立联系并开展合作。（杨公鼎、褚宏启，2020）

二、上海开放大学的试点探索

上海开放大学充分利用自身的体系优势，以及上海地区特有的社会经济发展优势，开展了特色鲜明的开放大学试点。

在办学模式探索方面，上海开放大学原校长袁雯用五个战略转型对上海开放大学的试点模式做了总结（袁雯，2020）。一是办学功能向服务全民终身学习转型。由单一的学历补偿教育向服务全民终身学习转型，搭建了学习型社会建设服务指导平台、教育资源公共服务平台、终身学习的融媒体平台、学习成果认定与转换平台等，用以服务全民终身学习。二是教育目标向促进人的终身发展转型。开放大学面向人人的服务供给模式基本形成。近年来，学历教育在校生规模保持在7万多人，每年各级各类培训规模达50万人次，每年社区居民的参与规模达560万人次。三是教学内容向学以致用转型。建立了需求对接机制，对接区域发展战略，对接行业企业的人才需求，对接并满足学习者的学习与发展需求；同时，探索了教学内容的动态调整机制，形成了开放大学的特色专业群、模块化建设路径和以特色学院为载体的合作办学模式。四是教学方法向有效和个性化转型。更加关注课程教学目标与过程的一致性，更加关注学习有效性，更加关注支持个性化。五是质量管理向标准导向的全过程控制转型。依据国际远程教育和我国高等教育质量标准建立了课程质量标准、在线资源建设标准，以及办学系统"六统一"质量管理规范等。通过实行全过程的质量监控，开展内外部质量评估，开放大学的人才培养质量获得了社会认可。

在服务全民终身学习方面，2019年11月24日，在广州召开的"新时代开放大学建设与展望研讨会"上，上海开放大学对过去7年的实践探索进行了一些数据方面的总结。上海开放大学持续建设的上海终身教育资源库总量达15TB，注册人数超过271万人，总访问量达4.5亿人次。上海教育电视台推出《我爱汉字美》《银龄宝典》《市民大学堂》等节目内容，通过荧屏为市民的终身学习服务。上海开放大学建设了上海市教师教育网、上海职教在线、上海老年人学习网等各具特色的专题学习网，并开展面向服刑人员的非学历培训，2018—2019年，累计在全市16个监狱开设非学历培训班 60 个，培训服刑人员 1600 人次。

在老年教育方面，上海开放大学持续 20 年建设上海远程老年大学平台，在全市拥有 5650 个居村远程学习点，包含 60 万名注册老年学员。上海开放大学建设的上海老年人学习网包括保健、法律、德育、家政、休闲等多类老年课程，网络访问量达到 281 万人次。全市各区依据《上海市社会多元主体参与老年教育认可标准》，选择具有一定特色、符合市民学习需求的社会资源，培育各具特色的老年教育社会学习点。目前，全市培育的老年教育社会学习点达到 4769 个（王伯军 等，2018）。为满足广大老年朋友居家学习的需求，上海市教育委员会依托上海学习网，打造了上海市民终身学习云"空中课堂"，推出八大类线上精品学习资源，包括微课程 6000 多门、视频课近 2000 门、名家诗歌朗诵视频 30 个、"宅生活"休闲体育课程 10 门，以及网上体验基地、线上 VR 人文行走、健康大讲堂、科普防疫课程等，老年朋友可以通过电视、电脑、手机等各种方式足不出户地在家学习。继"空中课堂"之后，"老年教育直播大课表"被正式推出，并定期更新。老年朋友可以根据需要，选择自己喜欢的直播课程进行学习。目前，上海市民终身学习云"空中课堂"访问人数超过 120 万人次，浏览次数近 1800 万次。截至 2020 年年底，上海学习网点击量突破 3 亿次，注册人数达 534 万，在线课程逾 3 万门，创建网上学习活动 300 余场，网上学习团队达到 8200 余个。[1]

在社区教育方面，上海社区教育主要依托于上海开放大学展开。上海社区教育在全国率先开展社区教育的顶层设计，组建跨部门的综合管理体制和业务指导体系，进行宏观规划决策和统筹指导协调。在全国首创"线上线下、互联互通"的终身教育资源配送体系，形成全覆盖、跨时空、便捷化的优质资源集成配给机制。从 2014 年年底到 2018 年，已经面向全市 439 家终身教育机构配送各类终身教育资源 168 种，终身教育资源总数将近 35 万个。上海社区教育还打造了纵向到底、横向到边的社区教育四级办学网络，包括 1 个上海社区学院、16 家区级社区学院、212 所街

---

① 参见《全国首个中老年专属学习平台"上线"！"50＋"人群也有了"空中课堂"》，见（https://baijiahao.baidu.com/s?id = 1693027821395565463&wfr = spider&for = pc）。

镇乡社区学校、5275 个居村委学习点。上海 16 个区全部进入全国社区教育实验区名单。上海各社区学院和社区学校大力开展社区教育资源建设，2013—2016 年，累计建设各类学习资源 84502 个。积极融入学分银行制度，截至 2017 年 7 月，已有 6190 个社区教育课程班级进入学分银行社区教育课程目录，289311 人在学分银行积累了社区教育学习成绩。（王伯军等，2018）

三、江苏开放大学的试点探索

江苏开放大学植根江苏，以服务全民终身学习为办学宗旨，面向全体社会成员开展本科和专科开放教育、全日制高职教育和社会教育。

在办学理念方面，江苏开放大学提出了"固本兴利"的办学理念，即固大学之本、兴开放之利。固大学之本，就是要遵循高等教育的基本规律，遵循高等学校管理的共性规范；兴开放之利，就是要将"开放"做到极致，以学科为引领，以专业为载体，以课程为中心，实施学科专业课程一体化建设。（常红梅 等，2021）

在发展定位方面，江苏开放大学将"江苏人民的大学"作为学校的发展定位，将"平凡中育非凡"作为江苏开放大学办学的核心价值。为了让人民"共享"教育发展成果，江苏开放大学通过便捷灵活的教学方式、技术手段，覆盖江苏城乡的网络体系和公共服务平台，满足人民群众终身化、多样化、个性化的发展需求。为了实现"共享"的文化价值，学校致力于在教育的"最后一公里"营造"人人皆学、处处能学、时时可学"的学风环境，让更多平凡大众获得发展自身、奉献社会、造福人民的能力，成就"非凡"。（崔新有，2022）

在人才培养方面，江苏开放大学作为新型本科高校，进一步充实办学内涵，以"开放"（职后）和"高职"（职前）学历教育为主体，以非学历"社区教育"和"老年教育"为两翼的办学格局已初步搭建。学校开放教育在校生 14.7 万人，国家开放大学江苏分部教学管理中心另有学生 5 万人。

在资源建设方面，江苏开放大学积极探索资源建设模式，已建成完善的江苏终身学习资源库，共有各类资源15余万个，课程总数1466门，资源播放总数近7500万次，为服务全民终身学习提供丰富多样的、有针对性的教学内容。其中，《江苏红色文化经典》等特色资源登录中国教育电视台、中央广播电视总台经济之声、江苏卫视等国家级、省级媒体。[①]

在质量建设方面，江苏开放大学坚持质量立校，走内涵式高水平、高质量发展道路，以教学成果奖的培育与申报为抓手，深入探索高职和本科人才培养模式的创新；以精品课程建设、教改课题研究、课程"创新培优计划"等项目为依托，鼓励开展教学改革试点；与第三方权威数据机构麦可思数据有限公司合作构建与开放教育人才培养质量监测系统，编制开放教育年度质量报告并向社会公布。

在社会教育方面，江苏开放大学搭建了"5＋N"的五级社会教育体系：形成了"省级开放大学—社区大学—社区学院—社区教育中心—居民学校"5级社区教育架构。"N"即若干社区教育基地，如江苏开放大学学习苑、养教联动基地、老年学习体验区、游学基地、名师工作室等。江苏开放大学立项建设了54家"学习苑"，创建了17个省级游学项目，建成7家养教联动基地，成立了101个名师工作室，创办了22家省级社会教育学习体验基地，形成了项目化、特色化、品牌化的社区教育终端，使社会资源转化为居民的教育和学习资源，已服务11.4万余人次，打通了社区教育"最后一公里"。全省13个地级市中，已有10个城市依托开放大学成立了社会教育服务指导中心，社会教育的管理体系更趋完整。

在服务全民终身学习方面，江苏开放大学承担了江苏学习在线平台的运营与服务，经过多年的努力，其服务能力显著提升，将更多优质学习资源送进社区，不断扩大学习资源的覆盖面。平台的网站点击量逾3600万次，注册用户逾163万人次，发布各类视频资源4.2万余个单元，颁布计2500余门课程，在线培训用户近20万人次，发布各类新闻资讯11万余条，颁布学习证书23类，共计15万余人次获得证书。[②]

---

① 摘自《江苏开放大学"十四五"事业发展规划》部分内容。
② 摘自《江苏开放大学"十三五"总结与"十四五"规划》部分内容。

四、云南开放大学的试点探索

云南开放大学以现代信息技术为支撑，秉承"开放办学、服务终身"的理念，坚持开放、灵活、全纳、终身、优质等终身学习理念，聚焦规模、特色、水平，确立学校办学定位、发展目标、建设思路和战略重点，始终致力于服务全民终身学习，服务云南经济社会发展，按照总部＋开放学院、学习中心、教学点的方式，建设覆盖全省城乡以及辐射南亚、东南亚的境外学习中心的办学体系。目前，云南开放大学在全省挂牌成立 28 所州（市）、行业（企业）开放学院，23 所县（市、区）学习中心，132 个教学点；在孟加拉国、马尔代夫、斯里兰卡设立了 3 个境外学习中心。[①]

结合云南开放大学在"新时代开放大学建设与展望研讨会"上的经验介绍，截至 2019 年，云南开放大学累计招收学历继续教育学生 28 万余人，累计开展非学历继续教育培训 90 余万次，成为服务云南经济社会发展和学习型社会建设的重要力量。云南开放大学通过面向在职人员和社会成人举办以学历提升为目的的远程开放教育，为部分有愿望、有能力的学习者提供接受高等教育的机会。通过实施"一村一名大学生计划""云南省村（社区）干部能力素质和学历水平提升行动计划"，云南开放大学为基层农村（社区）培养了大批"用得上、留得下"的管理人才、技术能手和致富带头人，致力服务于云南决战脱贫攻坚和乡村振兴战略。云南开放大学通过承办"云南—南亚东南亚教育合作论坛"等对外教育合作项目，致力服务于"一带一路"倡议和云南面向南亚、东南亚辐射中心建设。根据云南省经济社会发展、产业转型升级和"数字云南"建设对人才培养的要求，云南开放大学重点建设"新工科""新文科""新服务""新人才""数字经济"等开放学院，开展学历教育与非学历教育培训。（孙平、梁建梅，2019）

---

① 数据来自云南开放大学官网，见（https://www.ynou.edu.cn/A10/A10001/A10001001/2019_05/14/1557803618621844.html）。

五、广东开放大学的试点探索

2012 年 12 月 26 日，教育部印发了《教育部关于同意广东广播电视大学更名为广东开放大学的函》（教发函〔2012〕287 号），明确广东开放大学是以现代信息技术为支撑，面向成人开展远程开放教育的新型高等学校。广东开放大学作为国家教育体制机制改革试点建设的五个省级开放大学之一，依托广东毗邻港澳的优势，积极探索开放大学的体制机制与办学模式。

（一）办学体系建设

在体系建设方面，广东开放大学以服务全民终身学习、推进学习型社会建设为重要遵循，不断强化办学体系建设。为积极推进基层广播电视大学的更名与转型发展，广东省政府、广东省教育厅先后印发了《广东省政府办公厅关于广东广播电视大学更名为广东开放大学后有关办学问题的通知》（粤办函〔2015〕587 号）、《广东省教育厅关于推进基层广播电视大学转型发展的通知》（粤教高函〔2016〕284 号），推动了办学体系的全面转型。迄今为止，广东开放大学体系的 19 所市级电大、69 所县级电大已全部更名转型为开放大学，是全国最早实现开放大学体系整体转型发展的省份。

体系优势是广东开放大学的"第一优势"，团结协作共赢是广东开放大学体系的优秀基因和最宝贵的传统。为加强开放大学的体系建设，广东开放大学出台了《基层开放大学绩效考核办法》并设立了专项资金，开展基层开放大学年度绩效考核并予以相应奖励，鼓励与支持基层开放大学创新发展；定期组织基层开放大学校长参加暑期专题培训班，加强对基层开放大学建设的调研、指导等，积极争取广东省教育厅、地方政府对全省办学体系的政策支持，多措并举强化体系合力，推动协同发展。

（二）人才队伍建设

人才是支撑大学高质量发展的第一生产力，为此，广东开放大学多措并举加强人才队伍建设：一方面，积极引进高层次人才；另一方面，大力培养青年人才。同时，广东开放大学采取多种方式加强干部队伍和专业带头人业务能力的培训；采取校企、校校共建共享等方式，建设专兼结合的高水平信息化专业团队。广东开放大学结合多种类型教育并存的实际情况，发挥开放大学体系办学优势，充分挖掘校内外相关专业教师资源，妥善安置柔性引进人才，探索出切合学校实际、体现办学特色的思政课教师队伍建设、辅导员队伍建设的新路子。同时，广东开放大学不断完善激励机制，关注一线教师的发展。

2018 年以来，广东开放大学共引进高层次人才 36 人，学校现有拥有高级职称的教师 160 人、拥有博士学位的教师 59 人，并修订了《教职工继续教育管理办法》，支持鼓励教职工在职攻读博士学位并给予全额报销学费。学校现有全国优秀教师、全国模范教师、省教学名师、省"特支计划"名师等 8 人；选派过 15 名教师为国内访问学者，24 名教师分别到德国、日本进行研修。

（三）优质资源建设

广东开放大学充分发挥开放大学办学优势，汇聚全国名家名师，策划录制了"习近平新时代中国特色社会主义思想"系列微视频，打造了"马克思主义中国化进程与青年学生使命担当"精品课程。这些课程的宣传与推广遍及广东全省 150 多所高校，人群之广，含 200 多万大学生以及全省党员，并发布在学习强国、南方网、广东文明网等平台，成为广东思政教育品牌学习资源。

广东开放大学积极探索优质教育资源供给链的建设，与中国证券监督管理委员会广东监管局、广东省金融消费权益保护联合会、中国人民银行广州分行、广东证券期货业协会等合作，共建优质学习资源，开展了投资者教育进社区、金融知识进社区、健康知识进社区、海洋知识进社区等系列活动。这类模式已在多个省市推广与应用，并获广东省教育教学成果一等奖。广东开放大学联合中国人民银行广州分行、中国银行保险监督管理委员会广东监管局、地方金融监督管理局等部门，针对老年人金融消费易上当受骗的痛点，策划并推出老年人金融知识系列讲座，在"南方+"

"南方日报"等主流平台发布与推广并获得热烈反响，累计观看达 10 万人次。

（四）教育教学改革

广东开放大学以教育教学改革为"牛鼻子"，着力提升人才培养质量，深化线上线下融合的教学模式改革，将线上教学由疫情期间的应急之举转化为教育教学改革的常态之举，不断提升教学质量。在 2019 年的广东省教学成果奖评选中，广东开放大学获省级教育教学成果奖一等奖 3 项、二等奖 7 项，实现历史性突破。同时，广东开放大学指导全省开放大学体系深化社区教育、老年教育内涵建设，荣获 2019 年省级教育教学成果奖"社区教育、老年教育"类一半以上奖项。广东开放大学以高质量为引领，建设社会工作专业教育教学资源库，该资源库成为国家级资源库、省级资源库"双立项"项目。

广东开放大学主动适应大湾区经济社会发展和产业转型升级需要，按照"人无我有、人有我优、人优我特"的专业建设思路，推动专业建设培优提质，创办了数据科学与大数据技术等多个产业急需专业，停办了产业需求量低的专业。其标准化工程专业全国领先，建有全国唯一的省级标准化协同育人平台；社会工作（社区养老服务）专业是该专业在广东省唯一的全国职业院校养老服务类示范专业点；物联网应用技术专业顺利通过广东省第一批二类品牌专业建设验收。按照开放教育和职业教育一体化发展思路，广东开放大学整合全校专业建设资源，培育了一批省级高水平专业群，工业机器人技术、无人机技术专业产教融合成效明显。

（五）规模与质量提升

广东开放大学自 2015 年开始自主招生，深入贯彻广东省委、广东省政府关于提高高等教育毛入学率和稳就业、促就业的重要部署，发挥开放教育线上线下混合教学和体系办学优势，扩大学位供给，重点面向新型职业农民、乡村干部、进城务工人员、退役士兵、产业工人等特殊群体开展学历提升教育服务。2022 年，广东开放大学现有各级各类在校生约 47.53 万人，其中，接受开放教育的学生 45.14 万人、接受高职教育的学生

1.32 万人、接受中职教育的学生 1.07 万人。在全国 44 所省级开放大学系统中，广东开放大学综合实力位居全国前三，在册学生规模位居全国第一，师资队伍位居全国第二，资产设备位居全国第三。在学校办学 40 周年之际，时任广东省省长马兴瑞同志批示学校"办学规模、办学体系在全国同类院校中走在前列，为广东经济社会发展作出了重要贡献"。2017 年，广东开放大学获得学士学位授予权，推动了全省开放大学体系以终身教育为根本理念整体转型发展。

（六）推进科研工作

广东开放大学不断建立健全科研管理制度体系，强化与推动科研改革，相继出台《科研项目及科研经费管理办法》《科研业绩认定与奖励办法》等制度，并大力建设科研团队，大大提升了体系整体科研实力。截至 2022 年年底，广东开放大学获批省部级项目 8 项、市厅级项目 40 多项，首次获批国家社科基金项目，并有 3 个项目获广东省教育厅普通高校重点科研平台和项目立项。多篇高质量的学术论文被"中国人民大学复印报刊资料"全文转载。广东开放大学立项建设了"粤港澳大湾区老年教育研究基地""广东省学习型社会建设协同创新研究中心""智能机器人产教融合创新中心"等多个省级重点科研平台，立项了国家社科基金艺术学年度项目、省科技研发重点项目等一批高水平科研项目，横向课题到账经费逐年增加，各项数据均实现了历史性的突破。

（七）探索老年教育

广东开放大学在全省开放大学体系中设立了 30 多所社区教育学院和 40 多所老年大学分校，全面举办社区教育、老年教育，基本构建了全省终身教育大枢纽，有效地推动了广东省学习型社会建设。老年大学在线下高端办学、线上平台贯通、优质资源供给、涉老人才培养、养教结合方面不断探索与实践，形成了"混合多元、学养结合"的老年教育模式。该模式有以下四个特点。

（1）线下高端办学：一是高规格的师资队伍，聘请著名女高音歌唱家、中国声乐家协会副主席李素华开设民歌演唱班，著名男高音歌唱家、指挥家郄卫平开设合唱班，邀请世界太极拳比赛冠军陈伟杰开设太极拳（扇）班等；二是高标准的基础建设，学校耗资 8000 万元购入位于广州市中心的一栋面积为 6300 平方米的大楼，作为老年大学的办学场地，同时聘请专业室内设计事务所，按照老年教育特点进行整体装修规划；三是坚持普惠性原则，每节课最高费用 60 元、最低费用 20 元，开设各类课程班级 80 个，学员达 2000 多人，最年长学员为 86 岁，还有部分港澳籍学员。

（2）线上平台贯通：一是建设广东终身学习网并将其作为老年教育资源开放共享的基础平台，基层老年大学依托此平台，建设面向本区域的老年教育资源平台；二是建设直播教学平台，将优质老年教育课程通过直播教学平台覆盖城乡区域，如广东老年大学东莞学院建设的"老年直播学堂"就深受老年人欢迎。

（3）优质资源供给：以老年人关心、关注的问题为主线，与相关行业企业深度合作，开发优质老年教育资源，形成体系内优质资源供给链。例如，与广东省金融消费权益保护联合会、中国人民银行合作，开展"优质老年金融知识进社区"等活动。

（4）探索养教结合：以广东省科技厅重大科研项目"基于互联网＋的居家学养结合云服务平台研究"为基础，牵头研发了学养结合云服务平台和"李秘书"服务终端。基于智能终端向老年人推送学习资源，老年人也可主动点播学习资源。该平台老年人注册用户达到近 250 万，服务约 2300 万人次。

（八）服务乡村振兴

在乡村振兴教育方面，广东开放大学率先探索乡村振兴教育新模式。广东开放大学与云浮市委市政府合作，以云浮开放大学为基础，共建云浮乡村振兴学院，设立了龙湾分院、稔村分院等村（居）分院，将乡村振兴教育网络延伸到乡镇、村（居）一线，把教育服务送到乡间田头，探索形成乡村振兴教育"云浮模式"。2019 年，国家级农村职业教育和成人教育示范县创建工作阶段性总结会在云浮市举办，教育部推广、宣传"云浮模式"。近两年来，云浮乡村振兴学院培训村干部和职业农民达

14152 人次，粤菜研究院天堂分院"粤菜师傅"培训还带动天堂镇全镇 3000 多人积极就业。该模式在全省乡村振兴教育方面起到以点带面效应。

阅读材料

快速发展的广东老年大学

2016 年 2 月 19 日，《广东省教育厅关于大力发展社区教育推进学习型社会建设的意见》（粤教职〔2016〕3 号）提出，委托广东开放大学承担全省社区教育具体组织指导工作，大力发展社区老年教育。2017 年 6 月 9 日，《广东省人民政府办公厅关于大力推动老年教育发展的实施意见》（粤府办〔2017〕41 号）提出，支持各级广播电视大学和开放大学举办"老年开放大学"或"网上老年大学"，支持广东开放大学率先建设具有全省示范作用的老年健康艺术教育学习体验基地。2018 年 7 月 18 日，国家开放大学正式批复同意设立国家开放大学（广东）老年开放大学；2018 年 11 月 18 日，在广东省政协和学校领导的共同见证下，广东老年开放大学正式揭牌；2019 年 5 月 18 日，广东省教育厅同意广东开放大学加挂"广东老年大学"的牌子。

广东老年大学充分依托广东开放大学远程开放教育的优势，以现代信息技术为支撑，以"增长知识，丰富生活，陶冶情操，提高素质，促进健康，服务社会"为办学宗旨，以培养"健康老人、快乐老人、时尚老人"为目标，通过参考广东开放大学及各市县开放大学体系进行办学，采用传统教学模式与现代信息技术手段相结合的教学方式，致力于为广东省中老年人群提供"老有所教、老有所学、老有所为、老有所乐"的老年教育服务。广东老年大学坚持高标准建设、高规格师资、普惠性办学的原则，积极推进网络建设。短短 6 个月时间已挂牌成立 42 所市县老年大学分校，要求全省基层开放大学 2022 年年底前全部加挂老年大学分校，基本形成覆盖全省城乡的老年教育办学网络。

　　广东老年大学拥有舞蹈室、瑜伽室、歌唱室、书画室、电脑室、钢琴室和多媒体阶梯课室等教学课室，且师资力量雄厚。为了更好地推广和宣传，广东老年大学建立了门户网站和微信公众号，学员可通过线上和线下两种方式报名学习。广东老年大学聘请了多名有资质、有社会名望的优秀教师，并根据中老年人的喜好开设了艺术修养、身心健康，以及技能提升等主题课程，内容丰富多彩，具体包括音乐类、器乐类、舞蹈形体类、美术书法类、体育保健类和人文修身类等系列课程，所开设课程受到学员们的欢迎和喜爱，社会各界反应良好。

第二章 时代新机：开放大学的历史转折

习近平总书记在党的十九大报告中指出："建设教育强国是中华民族伟大复兴的基础工程，必须把教育事业放在优先位置，深化教育改革，加快教育现代化，办好人民满意的教育。"同时，还提出"办好网络教育""办好继续教育，加快建设学习型社会，大力提高国民素质"。中国特色社会主义建设进入新的发展阶段，机遇与挑战并存，新时代赋予了开放大学新使命、新担当。开放大学需要深刻认识和准确把握外部环境的变化，以及自身改革发展面临的新情况、新问题，提高战略思维、历史思维、辩证思维、创新思维、法治思维、底线思维能力，努力在危机中育先机、于变局中开新局。

第一节 开放大学的发展机遇

一、服务全民终身学习的战略机遇

2002 年 11 月，党的十六大报告提出"形成全民学习、终身学习的学习型社会，促进人的全面发展"，以此为标志，党中央正式提出了建设全民学习、终身学习的学习型社会的战略目标。党的十七大报告指出，"发展远程教育和继续教育，建设全民学习、终身学习的学习型社会"。党的十八大报告指出，"积极发展继续教育，完善终身教育体系，建设学习型社会"。党的十九大报告进一步提出"办好继续教育，加快建设学习型社会，大力提高国民素质"的更高要求。"学习型社会"建设连续四次在报告中被予以强调，这充分表明了党中央的高度重视和一以贯之的战略部署，是我们加快建设服务全民终身学习的教育体系的根本遵循。

2019年2月，中共中央、国务院印发了《中国教育现代化2035》，提出了构建服务全民的终身学习体系。内容包括构建更加开放畅通的人才成长通道，完善招生入学、弹性学习及继续教育制度，畅通转换渠道；建立全民终身学习的制度环境，建立国家资历框架，建立跨部门、跨行业的工作机制和专业化支持体系；建立健全国家学分银行制度和学习成果认证制度；强化职业学校和高等学校的继续教育与社会培训服务功能，开展多类型、多形式的职工继续教育；扩大社区教育资源供给，加快发展城乡社区老年教育，推动各类学习型组织建设。

2020年9月22日，习近平总书记主持召开教育文化卫生体育领域专家代表座谈会并指出："要完善全民终身学习推进机制，构建方式更加灵活、资源更加丰富、学习更加便捷的终身学习体系。"推进服务全民终身学习的教育体系建设是建设高质量教育体系和实现教育现代化的战略任务，是建设学习大国、学习型社会和技能型社会的必然要求。

由此可见，建构服务全民学习的终身教育体系已经成为我国的重大发展战略，开放大学作为终身学习体系的核心构成和重要力量，其发展道路也必将越来越宽广。

二、在线教育快速发展的新机遇

（一）国家政策助力在线教育快速发展

2019年9月，《教育部等十一部门关于促进在线教育健康发展的指导意见》（教发〔2019〕11号）提出，支持互联网企业与在线教育机构深度合作，综合运用大数据分析、云计算等手段，充分挖掘新兴教育需求，大力发展智能化、交互式在线教育模式，增强在线教育体验感。2019年10月，教育部办公厅等十四部门印发了《职业院校全面开展职业培训 促进就业创业行动计划》（教职成厅〔2019〕5号），提出要积极开发微课、慕课、虚拟现实技术（Virtual Reality，VR）等数字化培训资源，完善专业教学资源库，进一步扩大优质资源覆盖面。

2020 年 11 月，在十九届五中全会中通过的《中共中央关于制定国民经济和社会发展第十四个五年规划和二〇三五年远景目标的建议》明确提出，要"发挥在线教育优势，完善终身学习体系，建设学习型社会"。

2021 年 3 月，国家发展改革委等 28 部门印发了《加快培育新型消费实施方案》（发改就业〔2021〕396 号），提出由教育部牵头负责，有序发展在线教育。内容包括加快智能技术应用，推动各类综合性的新型教育教学模式发展；推动教育信息化发展，鼓励并支持社会力量积极参与；探索使用更多数据化、信息化、多媒体化教学工具，改造提升传统教育模式，发展开放式、泛在式、个性化在线学习，拓展多元化的教育新场景；面向不同群体的教育需求，加快研发课程包、课件包、资源包以及共建共享课程，提升教育精准供给；实施教育大资源共享计划，形成一批高质量在线教育课程，扩大名师名校网络课堂等教学资源辐射，优先针对贫困地区开发在线教育资源。

信息技术的发展促进了在线教育的快速发展。《中国互联网络发展状况统计报告》显示，截至 2020 年 3 月，我国在线教育用户规模达 4.23亿，占全国网民的 46.8%。据《2020 上半年度中国在线教育行业发展报告》统计，2020 年年初，全国大中小学校推迟开学，2.65 亿在校生普遍转向线上课程，用户需求得到充分释放，在线教育应用呈现爆发式增长态势。《2020—2024 年中国在线教育行业深度调研及投资前景预测报告》显示，2019 年中国在线教育市场规模达 3225.7 亿元，同比增长 28.13%，其中高等学历在线教育占 49.6%、职业在线教育占 25%、K12（kindergarten through twelfth grade）在线教育占 21.3%。这些数据显示，在线教育的用户规模、市场规模非常大，发展速度非常快。开放大学及广播电视大学是在线教育的组成部分，但是现在所占份额仍旧较小。（袁雯，2021）

（二）在线教学普及化带来发展新机遇

党的十九大报告做出了"中国特色社会主义进入新时代"的重大战

略判断，建设教育强国是中华民族伟大复兴的基础工程，同时也对人才培养和教育改革提出新任务、新要求。现代信息技术发展迅速，云计算、大数据、物联网、人工智能、区块链、5G 技术等不断涌现，促进了教育组织结构和资源分配方式的改变，进而影响了教育的组织模式和服务模式。现代化进程提速迫切需要教育适度超前发展，新型工业化、信息化、城镇化、农业现代化同步发展也迫切需要教育协调发展、优先发展。

自 21 世纪开始，教育部先后启动了新世纪网络课程建设、国家级精品课程建设、国家级精品共享课建设、国家精品在线开放课程建设以及一流本科课程建设等工程项目与评选活动，推进了在线教育的发展。截至 2020 年 6 月底，上线慕课数量达到 2.9 万门，主要慕课平台在校生和社会学习者学习人数上涨至 4.8 亿人次，在校生获得慕课学分人数发展到 1.26 亿人次。

2020 年，为应对新型冠状病毒感染疫情，教育部组织实施"停课不停学"行动，极大地推进了在线教育的发展与在线教学的普及。2020 年春季学期，全国所有普通本科高校全部实施了在线教学，108 万名教师开发出 110 万门课程，合计 1719 万门次；参加在线学习的大学生人数达 2259 万人，合计 35 亿人次。

在线教学的普及化不仅促进了教师在线教学方法与技术的普及，也促进了全体社会成员进一步了解在线教学、熟悉在线教学、接受在线教学，从而为在线教育，特别是开放教育带来更好的发展环境。

三、社会教育快速发展的新机遇

在老年教育方面，2016 年，国务院办公厅印发了《老年教育发展规划（2016—2020 年）》（国办发〔2016〕74 号），提出将"远程老年教育推进计划"作为重点推进计划，明确要求以开放大学和广播电视大学为主体建设老年开放大学，开发整合远程老年教育的多媒体课程资源。2020年，《国务院办公厅关于促进养老托育服务健康发展的意见》（国办发〔2020〕52 号）提出，要推动举办"老年开放大学""网上老年大学"，搭建全国老年教育资源共享和公共服务平台。2021 年 10 月，教育部发布了《关于组织开展"智慧助老"优质工作案例、教育培训项目及课程资源推介工作的通知》（教职成司函〔2021〕44号），提出要汇聚全国各地发展老年教育、开展"智慧助老"的好经验和好做法，提升老年人运用智能技术能力，帮助老年人更好地适应并融入信息社会。截至2022年年底，推介"智慧助老"优质工作案例100个、优质教育培训项目200个、优质课程资源500门。2021年11月，《中共中央 国务院发布关于加强新时代老龄工作的意见》提出，要扩大老年教育资源供给，将老年教育纳入终身教育体系；依托国家开放大学筹建国家老年大学，搭建全国老年教育资源共享和公共服务平台；创新机制，推动部门、行业企业、高校举办的老年大学面向社会层面开放办学。

在社区教育方面，2016年，《教育部等九部门关于进一步推进社区教育发展的意见》（教职成〔2016〕4号）提出，要推进社区教育信息化，结合实施"宽带中国"战略和"互联网＋城市""互联网＋科普"计划，充分利用现代远程教育体系，结合或依托社区公共服务综合信息平台建设，建立覆盖城乡、开放便捷的社区数字化学习公共服务平台及体系。2021年10月，教育部发布的《关于开展社区教育"能者为师"特色课程推介共享行动的通知》（教职成司函〔2021〕43号）提出，要利用互联网媒体平台推动社区教育课程资源多途径共享和智能化推送，交流各地社区教育机构特色课程资源共享的经验做法和典型案例，展现各地"能者"主动参与社区教育、乐于分享的精神面貌；启动社区教育实践创新项目，培训社区教育师资队伍，培育社区教育品牌。

四、乡村振兴战略发展的新机遇

2021年1月4日，《中共中央 国务院关于全面推进乡村振兴加快农业农村现代化的意见》提出，要深入实施新生代农民工职业技能提升计划；在县城和中心镇新建、改扩建一批高中和中等职业学校；面向农民就业创业需求，发展职业技术教育与技能培训，建设一批产教融合基地；开展耕读教育；加快发展面向乡村的网络教育；加大涉农高校、涉农职业院校、涉农学科专业建设力度。

2021年6月1日，《中华人民共和国乡村振兴促进法》正式实施。制定与出台乡村振兴促进法的举措，为全面实施乡村振兴战略提供了有力的法治保障，对促进农业全面升级、农村全面进步、农民全面发展，全面建设社会主义现代化国家，实现中华民族伟大复兴中国梦具有重要意义。该法要求通过采取措施鼓励和支持社会各方面提供教育培训、技术支持、创业指导等服务，培养本土人才，引导城市人才下乡，推动专业人才服务乡村，促进农业农村人才队伍建设。

第二节　开放大学面临的挑战

目前，开放大学及其开放教育、在线教育面临良好的发展机遇，但是开放大学也不可避免地面临来自外部和内部的挑战。

一、高质量办学的挑战

长期以来，我国的高等学历继续教育定位于学历补偿教育，旨在促进教育公平，满足社会成员"有学上"的学习需求。为此，高等学历继续教育的入学门槛、教学要求以及毕业要求一直低于校内同层次、同专业的普通教育要求。为了体现两者的区别，国家也专门设立了成人教育系列的学历文凭。但也因为这样的定位，我国高等学历继续教育的办学质量一直较低，饱受社会各界人士的诟病。

2021年9月28日，国务院新闻办公室发布了《中国的全面小康》白皮书。该白皮书指出，我国教育事业蓬勃发展，从文盲半文盲大国到教育大国，再到迈向教育强国；从人口大国到人力资源大国，再到迈向人力资源强国。高等教育毛入学率从2000年的12.5%提升到了2020年的54.4%，说明我国高等教育已进入普及化阶段，教育水平跃升至世界中上国家水平。① 党的十九届五中全会审议通过的《中共中央关于制定国民经济和社会发展第十四个五年规划和二〇三五年远景目标的建议》明确提出要建设高质量教育体系，提高高等教育质量。

为顺应国家发展大势，我国高等学历继续教育的办学定位应从"有学上"向"上好学"转型，主要有以下三个方面的原因。一是从高等学历继续教育的办学规模看，其已成为高等教育的重要组成部分。2020 年，我国高等学历继续教育在校生为 1624 万人，占高等教育本科和专科在校生的 33.08%。② 也就是说，每三个本科和专科在校生中就有一个是高等学历继续教育的在校生。因此，高等学历继续教育办学质量的提升能够整体提升我国高等教育的质量。二是从高等学历继续教育的供给能力看，高等学历继续教育的供给能力已经获得了长足的发展。2010 年我国高等学历继续教育招生人数为 375 万人，2020 年我国高等学历继续教育招生人数为 636 万人，同比增长了 69.7%。三是从高等学历继续教育的需求满足看，高等学历继续教育供不应求的状况已经得到改善。以福建省 2020 年成人高考为例，当年成人高考报考人数为 10.16 万人，录取 8.29 万人③，录取率高达 81.6%。成人高考总分数为 450 分，福建省 2016 年专科理工类最低分数线为 142 分，2020 年专科理工类最低分数线降至 110 分，按百分比折算只有 24 分。④ 可见，只要想上学，基本都可以"有学上"。因此，高等学历继续教育应该转而追求"上好学"，加快建构高质量学历继续教育体系，办好人民满意的教育。

高等学历继续教育的高质量办学要求，也是对开放大学高质量办学的要求。为此，开放大学需要在教育教学的设施设备、师资配备、教学资源的分配上做更多的投入。这将对开放大学的各个方面提出更高的要求。

---

① 参见国务院新闻办公室《中国的全面小康》，见中华人民共和国中央人民政府网（ht-tps://www.fmprc.gov.cn/ce/cekor/chn/xwxx/t1913551.htm）。

② 参见《2020 年教育统计数据》，见 http://www.moe.gov.cn/jyb_sjzl/moe_560/2020/。

③ 参见《"数"说 2020 年福建教育招生考试》，载《教育与考试》2021 年第 1 期，第 2 页。

④ 参见《福建成人高考历年招生录取分数线》，见 http://www.fjckw.org/show - 1796 - 8725 - 1.html。

二、高职扩招常态化的挑战

2019 年 3 月 5 日，时任国务院总理李克强同志在《政府工作报告》中提出："改革完善高职院校考试招生办法，鼓励更多应届高中毕业生和退役军人、下岗职工、农民工等报考，今年大规模扩招 100 万人。"为贯彻落实《政府工作报告》，教育部等六部门联合印发了《高职扩招专项工作实施方案》，在 2019 年高考前组织了一次参加高职扩招专项考试的补报名工作，于当年 10 月份面向 2019 年退役的军人再增加一次补报名。此次主要面向普通高中毕业生、中职（含中专、技工学校、职业高中）毕业生、退役军人、下岗失业人员、进城务工人员和新型职业农民等报考高职院校的群体。由此可见，高职教育扩招强度之大，特别是这次高职教育扩招面向的群体与开放教育的群体基本一致，扩招的学生虽然也主要是采取业余学习的方式，但是所获得的是高职学校的全日制教育文凭，其文凭的社会接受程度显著高于开放大学的开放教育。

2021 年 1 月，《教育部关于做好 2021 年普通高校招生工作的通知》提出："各地各校要深入总结高职扩招工作经验做法……针对高中毕业生、退役军人、下岗失业人员、农民工、新型职业农民等不同群体，完善'文化素质＋职业技能'的评价方式，为各类学生接受高职教育提供多种入学方式……逐步取消中职本科贯通招生，适当在学前教育、护理、养老、健康服务、现代服务业等领域扩大中高职贯通招生规模。"可见，面向社会在职人员的高职教育扩招已成常态。由于高职教育属于普通教育系列，其学历文凭更有吸引力，也就出现了原本计划报读开放教育或已经在读的开放教育学生转读高职教育的现象。由此可知，开放教育的招生工作必将受到影响。

三、在线教学普及化的挑战

2021 年 10 月 28 日，教育部办公厅印发了《关于开展现代远程教育（网络教育）试点总结性评估的通知》（教职成厅函〔2021〕22 号），提到评估的目的是全面梳理现代远程教育试点高校网络教育办学状况，总结试点工作取得的成绩和经验，找准存在的问题和不足，对现代远程教育（网络教育）试点进行科学、准确评价，总结推广试点经验，完善相关制度机制，进一步推动高等学历继续教育规范健康有序发展。2022 年，教育部发文公布结束普通高校的网络教育试点工作，在线教学方式将在继续教育领域内被普遍推广。事实上，目前，很多高校的继续教育，包括夜大学、函授大学都采取了在线教学方式，开放大学将逐渐失去所拥有的在线教学优势。未来，开放大学所面临的在线教育的竞争对象已经不再是 68 所普通高校网络教育学院，而是全国 2600 多所普通高校的继续教育机构。因此，未来的竞争是可预期的。开放大学如何充分利用现代信息技术实现信息技术与教育教学的深度融合，以促进自身的创新发展，对于开放大学的可持续发展具有重要的意义。

四、开放大学自身的挑战

（一）开放大学不开放

国家开放大学校长荆德刚（2020）指出，开放大学试点取得了积极的建设成效，但也存在"开放大学不开放、优势特色不聚焦、质量意识不强烈、信息技术不先进、学习资源不丰富、师资队伍不突出、服务领域不全面、体系发展不完善、治理能力不适应、奋进文化不浓厚等十大顽瘴痼疾"。40 年的办学经验和实践探索固化了一些惯性思维、保守做法。长期的体系办学和"天下电大是一家"思想，使得"电大"形成了自成体系的小社会、自我封闭的小圈子。久而久之，与办学相关的所有事情几乎都倾向于在体系内解决，热衷于自娱自乐，荒废学问、忽视科研、不重视职称成为难以解决的问题。长期的自我办学、自我管理、自我生长，使得教职工不愿、不会、不想与外界打交道，助长了封闭、保守等习气，成为开放大学转型发展的障碍。（荆德刚，2020）

北京开放大学校长褚宏启（2020）在其论文《承前启后探索开放大学之路》中也指出，"开放大学最大的耻辱是不开放。身为开大人，如果思想还很封闭，何谈创新?"

广播电视大学以及开放大学在建校 40 年的发展过程中取得了辉煌的成绩。这一点不容置疑，也是有目共睹的。但是，相对于"开放"的词语，我们发现这个大学也有一些遗留下来的问题，主要表现在"封闭性"。首先，"自言自语"现象严重。原来的广播电视大学系统自有一套"术语"，加之宣传解释的力度不够，对大多数人来说往往听不懂这所大学内部的人们的讲话，许多教育部门的人也不知其所云，如"五统一""天网地网人网""系统办学的优势"等等。其次，"自娱自乐"现象突出。原来的广播电视大学内部的人们一向不把广播电视大学当作一所真正意义上的实体大学来对待，而是视其为教育管理机构，在这所大学里，人们"丰衣足食"、自得其乐，感受不到普通高等教育的办学艰辛。最后，"自我封闭"现象依然存在。原来的广播电视大学系统自成一体，对外交流少，对内交流多；自我满足感强，但外部评价较差；吸收其他教育经验少，自我发明的办法多；对招生、教学过程以及考试中存在的问题熟视无睹、麻木不仁的多，敢于揭露问题、自我否定的少。不少人自我满足，不希望别人关注，不希望对外交往，不希望媒体介入，不愿意听到别人的批评建议，结果导致许许多多的问题成为"顽疾"，很难改变。现在既然是开放大学，就应该在"开放"方面做好文章、做足文章。就应该从"开放"的词义去寻找它的内涵，即从"解除封锁、禁令、限制"等方面探求它的内涵，破除一切人为设置的"封锁、禁令、限制"，真正走符合远程教育规律的道路，开放大学的真正内涵才能清晰、明确。（孙平，2018）

（二）开放大学的队伍建设

开放大学体系存在人才队伍亟待加强的问题。国家开放大学体系现有 6.2 万名专任教师、3.4 万名兼职教师（鞠传进，2019），数量庞大。但与普通高校教师相比，开放大学教师直接面对学生的机会较少，课堂多数在网上进行，辅导多数在线上进行，"管"课而不直接教课，存在课堂教学实践不足、与学生沟通交流少、教学实践针对性差、忽视科研和教学水平不高等问题。过去"名师名教"的优势难以被复制，现在"名师名教"

的培养又没有跟上，导致高水平的团队少、教师少，甚至有些地方、有些专业出现青黄不接、人才断层现象，这都影响了学校的创优提质。（荆德刚，2020）

开放大学还存在专任教师结构不够合理、高级职称人员和博士占比不够高、缺乏国家级专业领军人才等问题。开放大学体系师资队伍总体素质不高，体系师资未能形成合力。教师的科研能力、社会服务能力有短板，学校专业团队对外竞争力不强。教师发展平台不够完善，领军人才、中青年骨干人才及后备人才分层次培养的体制、机制不够健全。

（三）开放大学的信息化建设

作为一所以信息技术为支撑从事开放教育的新型大学，开放大学顺应信息化时代进行教育变革，在利用现代信息技术加快推动人才培养模式改革、推进教育治理方式变革和管理精准化、决策科学化等方面，从理念到能力水平都有较大的提高空间。信息技术与学分银行、社会教育服务体系建设之间的运用衔接需要进一步加强。信息化专业技术队伍中高层次人才紧缺，教职员工信息化素养及教育信息技术运用能力亟待提升。

信息技术是开放大学的"看家本领"，现代信息技术与教育的深度融合是开放大学的安身立命之本。虽然开放大学始终秉承技术与教育的融合，一直强调要利用先进传播手段开展教学，但随着信息技术发展迅猛，师生网络学习的普及应用技术落后、带宽过低、速度太慢、转换复杂等问题突出，系统太多、App 种类泛滥、部门割据、数据孤岛等问题盘根错节，信息化手段制造了大量信息化障碍，信息技术应用散、慢、乱的问题有目共睹。（荆德刚，2020）

（四）开放大学的文化建设

长期的体系办学和良好的待遇消减了教职工的危机感和进取心，助长了教职工得过且过和"小富即安"心态。由此带来的结果是制定政策时对基层情况的了解不深入、不细致，习惯于"头疼医头，脚疼医脚"；工作只为完成任务，不管质量和成效，眉毛胡子一把抓，循规蹈矩，照葫芦画瓢；改革喜欢修修补补，围绕边边角角，不触动核心问题，遇到困难绕着走；谋发展习惯于领导下命令，不主动站在全局考虑问题、谋划发展；惰性和拖沓行为较重，执行力不强。

（五）开放大学的品牌建设

随着高校扩招的持续进行，高等学历继续教育的生源市场在逐渐萎缩。近年来，成人高考的录取分数线已经降至最低，很多高校的成人高考招生计划数甚至大于报考人数。面对日渐萎缩的学历继续教育市场，学历教育的生源竞争也在日渐加剧。为适应这一变化，需要学校有较强的市场开拓能力来维持或扩大自己的市场份额。然而，长期以来学历继续教育的办学垄断性和学历文凭的诱惑性，使得开放大学的学历教育招生并不会太困难。

尽管开放大学的开放教育有着体系办学的优势，有着庞大的支持服务队伍，有着线上线下相结合的在线教学优势。但是，当开放大学直面普通高校的继续教育办学时，开放教育在大学品牌与教学质量上的弱势就会凸显出来。在同等条件下，在职学习者更愿意报读品牌与师资更有优势的普通高校的继续教育。这也进一步激励开放大学要更加关注优质资源的建设，更加关注教学过程的监管监控，更加关注教学质量的提升。

（六）开放大学的体系治理

"1＋5"所开放大学的挂牌虽然在 2012 年就已经完成，但是转型和体系建设缓慢，体系中其他 39 所（25 个省、自治区、直辖市，新疆生产建设兵团和 13 个计划单列市或副省级城市）省级及下属的广播电视大学一直没有更名和转型，直到 2020 年教育部印发《国家开放大学综合改革方案》后才逐步完成了更名工作，形成了新的国家—省—市—县（区）四级开放大学办学网络。但各开放大学在内部管理和运行机制体制上，基本沿袭了广播电视大学时期的管理及运行模式。同时，北京、上海、广东等 5 所省级开放大学在办学自主权上有了更大突破，但其作为国家开放大学的省级分部，这种双重身份也带来了自主办学与体系办学的新挑战。一方面，国家开放大学更名后，与各省级开放大学的关系，特别是与 5 所独立办学的省级开放大学的关系没有被理顺，内部的管理运行机制改革创新也比较缓慢。另一方面，《国家开放大学综合改革方案》明确了另外39所省级开放大学"作为地方政府所属高等学校的隶属关系及管理体制保持不变，原有的学历及非学历教育办学权保持不变"的"两个不变"原则，给开放大学一体化办学带来挑战。如何理顺国家开放大学与地方开放大学的关系，完善开放大学体系的治理结构和管理运行机制，是开放大学在新的发展阶段中所要面对的重大问题。

第三章　顶天立地：开放大学的战略部署

开放大学的战略部署应该具有"顶天立地"的气概。"顶天"是指开放大学的战略视野要远、战略格局要高、战略部署要新，要能将"开放"二字发挥到极致，充分利用全社会最优秀的师资、最优质的资源办学；"立地"是指开放大学要充分利用自身的体系优势，将开放大学的办学落到实处、落到明处、延伸到田间地头，真正将开放大学建设成为老百姓身边的大学。

第一节　开放大学的战略定位与目标

一、开放大学的内涵特征

2016年，《教育部关于办好开放大学的意见》（教职成〔2016〕2号）提出，开放大学要努力办成服务全民终身学习的新型高等学校。2020年9月，教育部在《国家开放大学综合改革方案》中，进一步明确了国家开放大学的性质定位，指出国家开放大学是以促进终身学习为使命、以现代信息技术为支撑、以"互联网＋"为特征、面向全国开展开放教育的新型高等学校。国家开放大学"十四五"时期事业发展的目标之一是截至2025年年底，其高等学校属性更加明确，新型高校的内涵更加清晰。由此可见，教育部对开放大学提出了"新型高等学校"的目标定位。但在以上两个关于开放大学办学的关键文件中，均未对新型高校的内涵作明确的界定。那么开放大学作为新型高校，其"新"体现在哪里呢？"新"是一个比较概念，是一个相对于"旧"的比较。对于开放大学来说，其"新"应该体现在相对于普通高校、成人高校之"新"上。

（一）开放大学相对于普通高校之"新"

相对于普通高校，开放大学之"新"主要体现在高校的核心功能上。我们知道，高校的三大核心功能是人才培养、社会服务与科学研究。开放大学相对于普通高校，其"新"也体现在这三个方面。一是在人才培养上，开放大学以服务全民终身学习为宗旨，以全体社会成员为对象，以现代信息技术为依托，以优质教育教学资源为保障，使人人都能时时处处地学习，具有完全开放的人才培养模式。同时，基于其人才培养模式的先进性，开放大学的人才培养效益尤为突出，具有投入少、产出大、效果好的优势。二是在社会服务上，开放大学立足学习型社会建设，依托自身独有的"大学＋体系＋平台"优势，为全体社会成员提供融学历教育与非学历教育为一体，集开放教育、职业教育、社区教育、老年教育等多种类型教育于一身的终身化学习服务，具有全方位开放的社会服务。三是在科学研究上，开放大学以服务应用型人才培养为核心，以应用性研究为主体，继续教育、老年教育、社区教育、学分银行等都是其研究内容（卢文辉、郑绍红，2018）。开放大学的科学研究更注重社会科研力量的利用，更注重协同研究平台的建设，是一种更为开放的科学研究。因此，开放大学相对于普通高校之"新"，集中体现在开放的全面性上。正如郝克明（2017）所指出，开放是开放大学承担使命的重要途径，是开放教育区别于传统教育模式的重要特征。

（二）开放大学相对于成人高校之"新"

开放大学脱胎于广播电视大学，相对于其他成人高校，开放大学之"新"体现为开放的全面性、彻底性与自主性。一是在开放的全面性上，开放大学在终身教育的各个领域均实施开放办学，包括开放教育、社区教育、老年教育、培训教育等。二是在开放的彻底性上，开放大学在教育教学的各个环节均能实施开放办学，包括招生、教学、师资、资源、管理、服务、保障等，比如，开放大学可以像其他普通高校网络教育学院一样设立校外学习中心，实施开放大学自身体系与校外学习中心体系并行的办学模式。三是在开放的自主性上，"1＋5"所开放大学是独立自主、能自主颁发学历文凭的高校，其是否开放、如何开放、开放程度如何完全取决于开放大学自身。尽管后续更名的 39 所开放大学目前还不能自主颁发学历文凭，但是从《国家开放大学综合改革方案》的内容来看，后续更名的39 所开放大学也将拥有更大的办学自主权。

由此可见，开放大学相对于普通高校与成人高校，其"新"体现在"开放"这一本质特征上。新型高校的核心内涵仍然是在"开放"上，体现在开放的全面性、彻底性上。开放大学只有深切领会新型高校"开放"的灵魂，才能真正屹立于普通高校与成人高校之中，才能真正办出特色、办出水平。

为此，开放大学必须改变沿袭广播电视大学的"老路"及与普通高校趋同发展的现象，以全面开放为办学理念，以优质办学为引领，在人才培养、社会服务与科学研究方面做出特色、做出优势，真正体现"新型高校"的与众不同之处。同时，教育行政部门需要将开放大学作为单列的类型，发文明确区分其与成人高校的不同，有意识地将其与普通高校并列，在重点学科、重点实验室、工程（技术）研究中心、硕士及以上学位授权点、科研项目等方面加大支持力度，为其融合发展提供重要的政策支持，为其构建重要平台提供强有力的支撑。

二、开放大学的战略定位

2019 年 2 月，中共中央、国务院印发了《中国教育现代化 2035》，提出要构建服务全民的终身学习体系，并专门用一个段落描述了构建全民终身学习服务体系的内容，包括构建更加开放畅通的人才成长通道、建立全民终身学习的制度环境、建立国家资历框架、建立健全国家学分银行制度和学习成果认证制度等。

2016 年，教育部在《教育部关于办好开放大学的意见》（教职成〔2016〕2 号）中提出，开放大学要以终身教育思想为引领，树立开放、灵活、优质、便捷的办学理念，充分运用现代信息技术，创新办学形式、组织模式和运行机制，努力办成服务全民终身学习的新型高等学校。2020年，教育部在《国家开放大学综合改革方案》中，对国家开放大学的性质定位给予了这样的界定："国家开放大学是教育部直属的，以促进终身学习为使命、以现代信息技术为支撑、以'互联网＋'为特征、面向全国开展开放教育的新型高等学校。"该定位不仅明确了国家开放大学服务全民终身学习的宗旨，也强调了开放教育作为办学类型以及信息技术的重要性。可见，服务全民终身学习是开放大学的重要战略任务。

开放大学作为旨在服务全民终身学习的新型高校，对于建构服务全民的终身学习体系具有天然的优势和应然的责任。首先，开放大学拥有形式最为丰富的教育类型，其包含了开放教育、成人教育、职业教育等学历教育类型，也包含了教育培训、社区教育与老年教育等各种非学历教育类型。其次，开放大学遍布各个地域的基层，能够为全民终身学习提供网络化、体系化的服务支持。最后，开放大学建设"学分银行"制度多年，积累了丰富的"学分银行"建设与学习成果认定、积累与转换的经验，在促进各级各类教育融通、搭建人才成长"立交桥"方面具有先天优势和先决条件。

为此，开放大学应以建构服务全民的终身学习体系为战略定位，整合自身各级各类教育资源，与各类教育机构合纵连横，共建、共享教育资源，推进全民终身学习，促进学习型社会的建构。

三、开放大学的战略目标

为推进自身的发展，开放大学应以创建一流开放大学为战略目标，基于一流开放大学建设实施开放大学的战略部署。

一流大学是一个比较的概念，是在与众多高校比较的过程中所产生的一种结果。一流开放大学也是相对于其他开放大学的办学质量而产生的。一流开放大学有两个层面的含义：一是国内层面的一流开放大学，即在全国开放大学中成为一流的开放大学；二是国际层面的一流开放大学，即在世界开放大学中成为一流的开放大学。尽管我国广播电视大学已有40余年的办学历史，但是开放大学的办学历史只有短短 10 年左右的时间，不论在办学能力上，还是在办学声誉上，离世界一流开放大学的目标均有很大差距。

将开放大学的战略目标定位于创建国内一流的开放大学，努力争取在全国各开放大学中办出特色、办出质量、办出品牌、办出声誉，则有利于促进开放大学实现跨越式发展，有利于促进一流开放大学的建成。

对于一流开放大学的内涵，袁雯（2018）提到，开放大学无须也不能照搬普通高校"双一流"建设的目标，而应根据自身在世界各国开放大学或开放远程教育机构中的地位设立目标，体现开放大学的特色优势以及与学习者和社会经济发展的高适切度等，包括适需的高质量标准、精准高效的学习服务、优势特色的学科专业、应用领先的技术支撑等。该观点提到的适需的高质量标准、精准高效的学习服务、优势特色的学科专业、应用领先的技术支撑便是一流开放大学的基本内涵。

第二节　开放大学的战略布局

为贯彻落实我国有关教育的决策部署，服务学习型社会建设，彰显开放大学的优势，实现一流开放大学的建设目标，开放大学可实施"一二三四五六"体系化战略布局，即"一体""两翼""三化""四通""五个体系""六大抓手"。"一体"是指以建构服务全民的终身学习体系为宗旨，通过整合开放大学各级各类教育服务学习型社会建设，实现开放大学的终身化发展。"两翼"是指学历教育与非学历教育并举，做强做优学历教育、做大做好非学历教育，实现开放大学的协调发展，建构服务全民的终身学习体系。"三化"是指数字化、特色化与国际化，通过以"三化"建设为导向，实现开放大学的跨越式发展。"四通"是指实现开放大学各级各类教育的资源融通、教学融通、师生融通、成果融通，以促进开放大学实现融通式发展。"五个体系"是指通过建设开放共赢的办学体系、服务全民的人才培养体系、多元一体的治理体系、智慧互联的服务体系、服务全民的终身学习体系，实现开放大学的体系化发展。"六个抓手"是指以开放、技术、人才、质量、创新、法治为抓手，推进开放大学在关键领域实现跨越式发展。

一、建立"一个体系"，促进开放大学一体发展

建立"一个体系"是指开放大学要整合各级各类教育资源，建构一个服务全民的终身学习体系。

开放大学作为服务全民终身学习的新型高校，对建构服务全民的终身学习体系具有天然的优势和应然的责任。首先，开放大学拥有形式最为丰富的教育类型，既包含了开放教育、成人教育、职业教育等学历教育类型，也包含了教育培训、社区教育与老年教育等各种非学历教育类型。其次，遍布各个地域的基层开放大学能够为全民终身学习提供网络化、体系化的服务支持。最后，开放大学建设"学分银行"制度多年，积累了丰富的"学分银行"建设与学习成果认定、积累与转换的经验，在促进各级各类教育融通，搭建人才成长"立交桥"方面具有先天的优势和先决的条件。

为此，开放大学应以服务全民终身学习为宗旨，整合学校各级各类教育，依托开放大学办学体系，着力打造一个服务全民的终身学习体系，以实现开放大学各级各类教育的一体化发展。

二、践行"两翼并举"，建构服务全民的终身学习体系

服务全民的终身学习体系的建构需要学历教育与非学历教育并举，学历教育与非学历教育是开放大学的两大主体办学业务，也是开放大学的"两翼"。开放大学的"两翼"不是分离的，两者通过开放大学这一"躯干"实现"骨肉相连"。这种学历教育与非学历教育的"骨肉相连"，就是要实现学历教育与非学历教育的融通，包括资源的融通、教学的融通、师生的融通及成果的融通等等。也正因为这种"骨肉相连"的融通，开

放大学拥有其他类型高校难以匹敌的优势。当前，开放大学的学历教育与非学历教育这"两翼"存在发展不平衡、不充分的问题，体现在学历教育的"翅膀"很大很硬，非学历教育的"翅膀"很弱、很软。不平衡的"两翼"使得开放大学难以充分发挥其应有的潜力，也使其难以飞得更高、更远。只有当学历教育与非学历教育实现了平衡一体的发展，才能真正实现开放大学的"比翼齐飞"。为此，开放大学应坚定不移地实施学历教育与非学历教育并举的战略决策，力求两者的"骨肉相连"，也只有这样，才能实现开放大学的协调发展。

三、推进"三化建设"，促进开放大学专向发展

为践行终身学习体系的建设，实施学历教育与非学历教育的"两翼并举"，开放大学开展数字化、特色化、国际化"三化"建设。

数字化就是要抓住数字化转型契机，推动新一代信息技术与教育教学深度融合，利用信息技术赋能教育教学改革创新，建设数字化、智能化的学习支持环境和教育管理服务环境，推动数据赋能，助力开放大学教育教学的数字化、智能化决策，为精准化、个性化的教育教学提供强有力的数据支撑。

特色化就是要进一步深化新型高校建设，把特色化发展理念融入开放大学的各个领域，深入探索职继融通、体系办学、学分银行等开放大学独有的办学特色，实现开放大学的特色化发展。比如，彰显开放大学在职继融通方面的特色，促进开放教育与职业教育的深度融合；彰显体系办学特色，充分发挥体系的地域优势、资源优势以及遍及城乡的网络优势；彰显开放大学承担学分银行建设的优势和特色，促进各级各类教育学习成果的认定、积累与转换；等等。

国际化就是要立足开放共享的理念，将开放大学的教育教学领域面向国际开放，全方位推进开放大学的国际化。比如，广东开放大学立足服务粤港澳大湾区和"一带一路"重大发展战略，推动粤港澳大湾区资历框架对接，形成学校国际化发展的基础优势，探索"走出去""引进来"，开拓国际化办学空间。开放大学的国际化主要包括四个方面：一是开展国

际化的合作办学，增强开放大学的国际竞争力。国际化合作办学包括学历教育方面的合作，也包括非学历教育方面的合作，比如引进国际化的师资与资源、建设海外学习中心等。二是开展国际化的科研合作，比如与国际知名的开放大学（如英国开放大学）开展教育教学研究，推动开放大学的教育教学模式改革与创新发展。三是积极参与国际交流合作，如举办或参与国际性的终身教育、学习型城市建设或者与开放教育相关的国际会议和论坛，让开放大学在国际舞台上发声。四是推进开放大学课程资源的国际共享，包括将国际优质课程资源引进来，将开放大学的优质课程资源面向国际开放共享等。

四、实现"四个融通"，促进开放大学融通发展

开放大学中各级各类教育的一体化发展，学历教育与非学历教育实现"骨肉相连"，关键需要实现各级各类教育的资源融通、教学融通、师生融通与成果融通。

首先是资源融通，指实现学历教育与非学历教育的各类学习资源融通，包括线上各类学习资源的融通，线下各类学习资源的融通以及线上与线下的学习资源融通。为实现各类学习资源的相互融通，需要成立一体化的资源建设与资源管理机构、建立一体化的资源建设制度、建设一体化的数字化学习资源库，然后才能在终身一体的学习平台上实现资源的融通。

其次是教学融通，指实现各类学历教育与非学历教育的教学融通。包括学历教育与非学历教育各自内部的教学融通，以及学历教育与非学历教育相互之间的融通。学历教育与非学历教育各自内部的融通可以说是教学"小融通"，也相对更容易融通，包括专业课程的融通、教学师资的融通、教学标准的融通以及教学质量的融通等。学历教育与非学历教育之间的教学融通可以说是教学"大融通"，也是最具挑战性的融通。学历教育与非学历教育的教学融通需要教师既要熟悉学历教育的教学规律与学习者特征，也要熟悉非学历教育的教学规律与学习者特征；学历教育与非学历教育的课程融通需要建构比课程更小粒度的知识模块，基于这些知识模块建构学历教育与非学历教育的课程，然后逐步建构非学历教育的课程体系与

项目体系、学历教育的课程体系与专业体系等。

再次是师生融通。师生融通包括教师之间的融通、学习者之间的融通、师生之间的融通，可以通过建构教师共同体、学生共同体以及学习共同体实现三类融通。教师之间的融通有赖于建构教师共同体，是指开放大学中各类学历教育与非学历教育教师之间的相互交流。这种教师之间的融通有利于充分发挥教师的专长，有利于充分利用教师的资源，有利于实现教师资源最大限度地共享。同时通过各类教育教师之间的相互沟通交流，促进教学相长。学习者之间的融通在于学习共同体的建构，是指各类学习者之间的相互交流，如学历教育学习者与非学历教育学习者之间的相互融通，这种融通有利于促进不同职业、不同人生阶段的学习者之间进行职业的交流、社会生活的交流，实现学习者之间的共同成长。师生之间的融通是指各类教师与学习者之间的教学交流，通过建构学习共同体促进师生之间无隔阂的教学交互。

最后是成果融通。实现各级各类教育的学习成果互通是搭建人才培养"立交桥"、建设终身教育体系的基本要求。例如，广东终身教育资历框架与"学分银行"的建设成果为实现各级各类学习成果的互通奠定了良好的基础。然而，实现开放大学自身内部各类学历教育与非学历教育学习成果的常规化互通，以及促进开放大学与其他高校的学习成果互通，仍然是今后相当长一段时间内促进终身学习体系建构的重要任务。

五、健全"五大体系"，促进开放大学体系化发展

建成终身学习体系的关键是要打造开放共赢的办学体系、服务全民的人才培养体系、多元一体的治理体系、智慧互联的服务体系、服务全民的终身学习体系，实现开放大学的体系化发展。

（一）建设开放共赢的办学体系

"开放"是开放大学之魂。开放大学采取"开放办校"模式，实施开放办学是应然之举。开放大学的开放是全方位的开放，包括办学体系的开放、教学师资的开放、专业课程的开放、教学资源的开放、信息技术的开

放等等。"共赢"是开放大学可持续办学的保障，特别是在合作办学方面，"大家好才是真的好"。同时，在共赢的尺度上，需要坚守大学办学的底线，明确合作双方的责任、权力和利益。在招生合作方面更需如此，否则可能会出现"你好、我好、大家好，唯有教学质量、服务保障不好"的局面。合作共赢的开放大学体系建设包括开放大学自身体系建设以及对外合作办学体系建设。

（二）建设服务全民的人才培养体系

服务全民的人才培养体系建设以学历教育与非学历教育一体化教学为导向，以信息技术与教育教学深度融合为核心，以课程建设为基点，以优质教学为手段，以服务全民终身学习为宗旨。具体包括如下五个方面的建设内容。一是加强学科建设：优先发展特色学科，积极发展新兴学科，建构应用型学科体系，以点带面、重点突破，在优势学科点上实现率先建设、率先突破，做到"分类建设、分步实施""先有后优、迭代建设"。二是深化专业建设：突出应用型专业建设，打造应用型教学团队，专业建设凸显线上、线下相结合优势，同时以复合型人才培养为目标开展优质专业集群建设。三是强化课程建设：建设涵盖线上、线下、混合式等各种教育类型的课程，充分利用社会优质资源开展优质课程建设模式改革、推动开放大学优质课程资源开放共享的体制机制改革。四是推进非学历教育项目建设，特别是职业培训、老年教育与社区教育等。五是推进信息技术引领的教育教学改革：促进信息技术与教育教学的深度融合，包括政校行企协同育人机制、完全学分制与学分互认改革、信息技术引领的教学模式改革、职继融通人才培养模式改革、服务"1＋X"证书的教育教学模式改革等。

（三）建设多元一体的治理体系

2016 年，教育部发布的《教育部关于办好开放大学的意见》提出了"完善办学系统""完善治理结构"等任务要求，但是缺乏具体的工作部署和保障机制。2020 年，《国家开放大学综合改革方案》在明确了国家开放大学和地方开放大学定位的基础上，提出了"探索国家开放大学'集团化'办学模式"的整体部署，要求"健全体系内各地方开放大学共建共享共发展的新机制""进一步优化体制机制，完善办学体系的治理结构，推动治理体系和治理能力现代化，促进集约共享和高效运行，发挥协同效应和规模效益，加快实现统一的办学质量标准""推动国家开放大学与5所试点独立办学的北京、上海、江苏、广东、云南开放大学建立新型指导、合作关系"。开放大学要按照一体化办学的要求，坚持党的领导和依法治校相统一，深入推进开放大学治理体系建设和治理能力现代化，建立健全各级开放大学主体共建、共享、共发展的体制、机制，进一步加强对开放大学基层办学单位的支持力度，形成全国开放教育事业发展共同体，发展成为国家服务全民终身学习教育体系的重要支撑和战略保障。

（四）建设智慧互联的服务体系

以人工智能、大数据、物联网等新兴技术为基础，推动人才培养模式、教学方法改革，探索泛在、灵活、智能的教育教学新环境建设与应用模式。着力打造融智慧校园、智慧教学、智慧课程、智慧学习为一体的服务体系，主要包括四个方面，即智慧校园系统、智慧教学系统、智慧课程系统、智慧学习系统，建构融通一体的"智校""智教""智课""智学"服务系统。

首先是建设智慧校园系统（智校），即以"云化应用、轻量资产"为导向，充分利用云平台、云服务、云计算技术，加大各类应用的云上布局，构建一个以公有云为主、私有云为辅的混合云服务平台，打造"云上校园"；充分利用人工智能、数据挖掘、大数据分析技术，以数据中心建设为核心，以一站式服务大厅建设为抓手，实现一网共学、一网通办、一网统管、一网协同。整合学校教学、管理、科研、生活、服务、安全等业务需求，建设智慧引领、业务互通、数据互融的信息系统，打造"智慧校园"。

其次是建设智慧教学系统（智教），即以人工智能、大数据、云计算为依托，以建设终身一体学习平台为目标，推动学历教育与非学历教育学习平台的一体化，各级各类教育学习平台的一体化，以期实现学习平台数据的互联互通与智慧应用；推动信息技术与教育教学深度融合，建设智能化的教学空间（包括智慧课室、智慧直播间等），实施智能化的教学管理（包括智能化的教学安排、课室调配、师资分配等），提供智能化的教学服务（如师生的教学数据画像、教学过程的智能分析等），积极开展基于智能技术的教育教学改革研究与实践探索等。

再次是建设智慧课程系统（智课），即以推进资源开放共享、避免资源重复建设为目标，整合各级各类教育的媒体资源，建立以课程资源为核心的媒体资源库。充分利用各类智能技术，实现对教育资源的智能化审核与管理、智能化应用与推送、智能化生产与淘汰；利用知识图谱等技术，探索课程内容体系的模块化建构，为实现学历与非学历教育课程内容的相互融通奠定基础，同时促进课程的不断迭代升级。

最后是建设智慧学习系统（智学），即智慧学习系统建设应以学习者为中心，以促进学习者德智体美劳全面发展为目标，促进学习者开展职业化学习、社会化学习与终身化学习。充分利用现代信息技术通过对，为学习者创设智慧学习空间，提供智慧化的学习工具、认知工具、数据挖掘与分析工具等，促进学习者精准学习、高效学习与个性化学习。智慧学习系统与智慧教学系统以课程为纽带实现互联互通。

（五）建设服务全民终身的学习体系

以服务全民的终身学习为目标，以学历教育与非学历教育"两翼并举"为抓手，以终身学习体系建设为基础，为教育机构提供面向全民的终身教育，以及为社会成员终身学习提供全方位的终身学习支撑，包括提供终身一体的学习平台支撑、终身化的学习档案支撑、终身化的学习项目支撑，以及依托"学分银行"的学习成果认定、积累与转换支撑等等。

六、用好"六大抓手"，促进关键领域跨越式发展

对于开放大学来说，开放是发展之灵魂，技术是发展之根基，创新是发展之动力，人才是发展之源泉，质量是发展之归宿，法治是发展之保障。开放大学应以开放、技术、创新、人才、质量、法治为抓手，促进自身在关键领域的跨越式发展。

（一）以开放为抓手，促进全方位的开放办学

开放办学的宗旨在于将开放大学打造成为一个开放的平台，通过加强政校行企合作、汇聚社会优质资源、推动全面开放办学，打造一个政校行企参与、各类人才齐聚、各类资源整合的终身教育服务平台。同时要坚持"面向人人"，构建"时时可学、处处能学"的灵活开放的泛在学习模式。一是要面向政校行企开放：搭建政校行企合作平台，共建基地、共享资源等，获取政策资源、办校资源、人才资源。二是要面向科研机构开放：搭建开放共享的科研平台，整合科研力量，共建科研资源、共享科研成果，借力提升学校科研水平。三是要面向教育同行开放：搭建同行合作平台，通过与优质教育机构合作，特别是与没有直接竞争的机构合作，做大做强开放教育。四是要面向全体社会成员开放：通过建设终身学习网并免费向校友和社会成员开放来聚拢人气，布局非学历培训，构建终身教育体系。

开放办学的底线是坚持办学自主权，通过精心经营办学自主权，建构核心竞争力，实现开放大学的可持续发展。

（二）以技术为抓手，促进信息技术与教育教学深度融合

开放大学以技术立校，应建立一支致力于信息技术应用与推广的技术服务团队，用最先进的信息技术支撑开放大学办学。同时，基于先进技术应用形成开放大学的核心竞争力。开放大学应以现代信息技术手段破除传统大学地域、时空的限制，构建具有终身学习理念的新型教育、学习模式，推动现代信息技术和教育教学改革深度融合，引领智慧教育变革。开放大学应通过建设智慧互联的数字化校园、终身一体的学习平台、先进时尚的网络学习资源、领先适需的教学信息化应用、灵活多样的支持服务方式，彰显自身的教育教学优势。

（三）以创新为抓手，为开放大学发展提供持续动力

创新为开放大学提供源源不断的发展动力。开放大学应坚持走创新发

展道路，不断创新办学体制机制、人才培养模式、教育教学模式、人才评价机制等，为自身的可持续发展提供动力源泉。一是创新开放教育质量观，立足创办社会满意的教育，研究建立以学习者、用人单位、社会满意度为核心指标的开放教育质量评价机制，围绕这一指标建构全新的质量保障体系。二是创新学科建设，体现学科建设的应用性特点，为应用性、职业性的人才培养服务；体现学科服务的终身性特点，学科建设不仅服务于专业的人才培养，也服务于全民终身学习。三是创新人才培养模式，通过整合开放大学的各级各类教育，建构复合型、应用型、终身化的人才培养模式。四是创新支持服务模式，推行导师制，建构学业导师、职业导师、人生导师三位一体的学习支持服务体系，为学习者提供全方位的学习支持。五是创新信息技术的教学应用，将合适的信息技术采取最合适的方式应用在最合适的教学、服务等领域，优化面授教学手段、提升网络教学效果、提高支持服务质量等等。

（四）以人才为抓手，促进人才队伍素养的整体提升

坚持"人才是第一资源"，大力弘扬高尚师德师风，加强创新人才的引培力度，着力培养以学习者为中心、适应职继融通、具有终身教育理念的教师、管理人员与技术人员三支队伍。从"选人、育人、用人、留人"四个方面提升人才培养质量。一是在选人方面，采取选引并举、外引内举的方式，基于开放大学的学科专业发展布局，有目标、有重点地引进、选用人才，选拔培育校内年轻有为的学术精英和管理精英。二是在育人方面，采取培训育人、教学育人、科研育人、专项育人相结合的方式，为开放大学培育各类人才。三是在用人方面，通过提供匹配的岗位，充分发挥人才的优势和潜能；通过提供开阔的平台，使得人才有用武之地，实现人尽其才、才尽其用；通过建立公开、公平、公正的绩效考核机制，促进一流人才有一流业绩，有一流业绩才有一流回报。四是在留人方面，采取文化留人，创设进取务实、团结向上的大学文化，让人才有安全感和成就感；采取事业留人，不断创设事业发展空间，用事业空间留住人才；采取机制留人，为人才提供公平的用人机制、合适的待遇。

（五）以质量为抓手，提升开放大学办学的整体质量

办学质量是开放大学发展之归宿，其以质量保障体系的建构为统领，涵盖教学质量、服务质量、科研质量与管理质量四个方面。开放大学要牢固树立"质量是生命线"意识，健全质量标准制度体系，完善质量督导及多元评价评估机制，全面提升办学质量。一是提升教学质量，培育一批国家级、省级的品牌专业、精品专业、特色专业；建设一批学历教育与非学历教育的精品在线课程；培育一批拥有教学成果、教学竞赛成果的国家级或省级教学名师。二是提升服务质量，基于开放大学的体系优势，完善支持服务的流程、环节，优化支持服务手段，打造开放大学支持服务品牌，支持服务质量应成为开放大学的核心竞争力之一。三是提升科研质量，实现学科研究上质和量的双重突破，在终身教育研究、学习型社会研究、开放教育、职继融通等研究领域形成核心竞争力，构建终身教育、学习型社会建设的智库。四是提升管理质量，开放大学通过建立高效、快捷、一体化的信息管理系统，提供基于信息系统的优质管理服务，建立完善的绩效管理制度和管理能力提升规划。

（六）以法治为抓手，推进治理能力与治理水平现代化

开放大学要坚持党的领导和依法治校相统一，深入推进治理体系和治理能力现代化，完善学校保护机制，依法维护师生权益。一是健全以章程为核心的现代大学治理体系。强化法治建设和法治思维，巩固依法治校、示范建设成果；推进开放大学章程建设，保障章程专业性、规范性与权威性；健全章程执行机制，实现开放大学依据章程自主办学。二是完善内部控制体系建设。开放大学要建立并贯彻落实内部控制体系建设的有关要求，健全符合一体化办学实际、适应信息化运转的内部控制体系，全面梳理业务流程、明确业务环节、分析风险隐患、完善风险评估机制、制定风险应对策略，提高学校内部控制体系制度的全面性、重要性、制衡性和适应性。三是强化办学体系指导机制。加强对基层开放大学的调查研究、业

务指导和发展引导，推进建立考核评价和结果运用机制；探索构建利益共享、成本共担、命运共存的新型开放大学发展共同体、文化共同体，以共同发展、文化认可牵引全省开放大学体系协同发展。

第四章　内强外拓：开放大学的办学体系建设

开放大学自身拥有一个相对完善的办学体系，这一体系毋庸置疑是应该不断得到强化的，也就是说要"内强"。开放大学的办学也应该是开放的，不应该单纯局限于开放大学自身的体系，应该积极向外开放，也就是说要"外拓"。对于开放大学来说，不论是其自身的开放大学体系，还是开放大学之外的办学体系，都应该本着互利共赢的原则开展办学合作。为此，对于开放大学办学体系的建设，应采取内强与外拓并举的策略，打造开放共赢的开放大学办学体系。

"开放"是开放大学之魂，开放大学采取"开放办校"模式，实施开放办学是应然之举。开放大学的开放是全方位的开放，包括办学体系的开放、教学师资的开放、专业课程的开放、教学资源的开放、信息技术的开放等等。"共赢"是开放大学可持续办学的保障，特别是在合作办学方面要实现共赢。在共赢的尺度上，需要坚守大学办学的底线，需要明确合作双方的责任、权力和利益。在招生合作方面更需如此，否则可能会出现招生和教育教学的脱节，可能会出现有招生规模却难以保障办学质量的情况。开放共赢的开放大学体系建设包括开放大学自身体系建设以及对外合作办学体系建设。

第一节 开放大学办学体系建设布局

一、强健开放大学自身体系的必要性

（一）开放大学体系优势有待进一步发挥

体系是开放大学的生存之本、发展之基，是开放大学区别于其他高校并能产生比较优势的特色所在。开放大学依托自身体系办学是应然之举，也是促进体系内合作、共建命运共同体、共同走向强大的必由之路。

开放大学遍布全国城乡的体系及其资源弥足珍贵，是其立身之本。开放大学作为一个体系，其教学师资、教学环境、教学条件及地方政策的优势也是普通高校继续教育机构难以媲美的。

系统分级办学是原广播电视大学管理和运行体制的核心要素之一。"1+5"所开放大学建设开启了转型发展历程，5所省级开放大学获得了本科甚至未来研究生办学权的资格，也为原来层级办学结构下的管理体制和运行机制带来示范。依托原中央广播电视大学基础建立的国家开放大学明确了统一办学和分级管理、错位发展和资源共享等运行机制。而5所省级开放大学经过努力，基本完成了整合办学资源、推进基层市县电大转型、获得学位授予权等工作，在服务区域经济社会发展和人才培养中发挥了积极作用。

（二）开放大学体系发展受到冲击

当下，开放大学体系需要内强，其原因主要有两个方面。一是来自普通高校继续教育办学的冲击。相对于开放大学来说，普通高校具有品牌、师资和资源的优势，基层开放大学与普通高校合作，在同等宣传力度的情况下，基层开放大学更容易招收到普通高校的继续教育学生。例如，广东省有些市县开放大学不招收广东开放大学的学生，而是与普通高校合作（或通过公共服务体系间接合作），招收普通高校的学历继续教育学生。二是来自高职院校合并基层开放大学的冲击。当前，有些地方政府为了整合办学资源，将基层开放大学与当地的高职院校合并，使其成为高职院校的继续教育机构。如在广东省，当地政府将顺德开放大学合并至顺德职业技术学院，将珠海开放大学合并至珠海城市职业技术学院，将清远开放大学合并至清远职业技术学院，等等。这种合并从整合资源、优势互补的视角来看具有积极的意义，但是单就基层开放大学来说，其办学的自主性与自由度则会受到较大的限制。基层开放大学之所以被高职院校合并，一方面是由于基层开放大学自身办学能力的不足，核心竞争力的缺失，不具备独立的专业教学能力等；另一方面是由于省级开放大学对基层开放大学的引领不足，帮助基层开放大学提升办学能力的强度不够。

二、外拓开放大学办学体系的必要性

《教育部关于办好开放大学的意见》明确提出："鼓励一流大学与开放大学开展在线教育合作，在资源共享、学分互认等方面积极探索。"开放大学作为面向全社会开放办学的高校，不应局限于体系，突破体系的局限是其内在的必然要求。这是因为在我国高等教育领域，仍然以普通高等学校为主体，开放大学、成人高校等还处于边缘地位。开放大学自身的竞争力、品牌、教学质量控制等也难以与普通高校相竞争。在国家大力加强高等教育、职业教育发展的政策大环境下，如果开放大学继续自我束缚、闭门造车，只会更加边缘化。开放大学只有在合作、招生、师资、资源等方面突破体系边界，才能为其自身带来更多的教育项目、更多的生源、更多的优质师资与教学教育资源，才能与普通高校的继续教育机构在同一平台上竞争，从而迎来更大的生存与发展空间。

目前，开放大学通过与体系外的教育机构合作建立校外学习中心，开展招生工作，被认为是破坏了"属地招生"原则的"不守规矩"行为。但是，如果开放大学不占领体系外的市场，那么普通高校继续教育机构也会去占领体系外的市场。同时，从开放大学的"开放"本质来说，开放大学面向全社会办学是其本质要义之一。开放大学能够在保障其教学质量、坚持自身特色发展的前提下，依托社会机构面向社会招生也是为社会服务的途径之一。开放大学通过建立校外学习中心为更多的学习者提供服务，更能体现开放大学服务全民终身学习的价值。当然，开放大学允许体系内的基层开放大学面向社会办学也是同样的道理，具有同样的意义。

三、内强外拓的办学体系建设布局

开放大学采取内强外拓的办学体系发展策略，需要协调体系内外之间的关系。体系内与体系外同时办学必然会引发招生竞争，如何实现体系内的基层开放大学与体系外的校外学习中心之间的协同发展，实现体系内与体系外办学的并驾齐驱，取决于开放大学办学的错位化布局，包括空间的错位布局与专业的错位布局。一是从空间布局看，比如广东开放大学，在已有市县基层开放大学的区域内，应依托市县基层开放大学招生；而在没有被覆盖的区域，则可依托校外学习中心或公共服务体系开展招生工作。二是从专业布局看，市县基层开放大学由于师资力量等方面的限制，可能缺乏针对某些地方紧缺专业的师资，如果可以与校外学习中心在招生专业上做到错位布局，即使在同一地域招生，也不会存在太大的冲突，就像开放大学一直拥有的行业企业合作办学与体系办学的协同发展一样。为此，开放大学以错位布局为引领，可以实现体系内办学与体系外办学的协同一体。

第二节　内强：夯实开放大学自身体系

一、理顺协同一体的管理体制

自 2020 年《国家开放大学综合改革方案》出台后，39 所省级广播电视大学全部更名转型为开放大学，自此，44所省级广播电视大学逐步完成了向开放大学的全面转型。但是，在44所省级开放大学中，上海、北京、江苏、广东、云南5所开放大学具有独立自主的办学权，其他39所地方开放大学没有独立自主的办学权。这两种模式都是对终身教育体系建构的有益探索，如何促进两种办学模式的协同一体、同步发展，是一种机遇，也是一种挑战。

对于全国来说，要以国家开放大学为龙头，建构协同一体的开放教育大系统，彰显开放大学体系优势，促进开放大学可持续发展。在具体策略上，开放大学体系应采取协同一体的办学策略，即国家开放大学按照"自愿、平等、合作"原则，以及"共商、共建、共管、共享、共赢"的基本理念，建构"集约集团办学、多元多样主体、开放平等包容"的"办学共同体"（杨志坚，2019）。通过统筹开放大学体系资源，增强开放大学体系的凝聚力，提升开放大学的社会声誉。同时，国家开放大学也要允许并积极引领各级开放大学基于各自地域优势，挖掘特色办学项目，培植自身核心竞争力，促进各级开放大学特色发展。

二、打造开放大学命运共同体

强健开放大学体系就是要凝聚体系发展合力、提升体系办学能力、激发体系发展动力，打造开放大学的命运共同体。

（一）凝聚体系发展合力

为了凝聚体系发展合力，要从三个方面展开工作。一是要健全开放大学体系的协同发展机制与沟通衔接机制，提升开放大学教育教学的协同运行能力。开放大学通过建立各层级领导联系基层开放大学制度，定期召开体系工作会议与专项工作会议，不定期开展形式多样的培训、交流等活动，推动体系同向同行、同频共振、同声相应。二是开放大学要通过加快推进文化建设，强化开放大学体系文化内涵，提升开放大学体系文化认同感。三是要加强党建工作，强化升级开放大学党委与基层开放大学党组织的沟通，以党员干部为先锋，营造基层开放大学创新发展环境，协同推进基层开放大学高质量发展。

（二）提升体系办学能力

体系办学能力的提升关键在基层，需要从以下两个方面入手。

1. 加强体系办学的引领

一是加强对基层开放大学发展规划、办学布局的指导，引领基层开放大学办好开放教育。为此，国家开放大学的发展规划应充分涵盖支持省级和基层开放大学自主发展的内容，并在基层开放大学发展规划的制订过程中，提供具体的规划指导。二是要立足基层开放大学的地域、文化以及社会经济特色，挖掘基层开放大学的办学特色，增强基层开放大学的核心竞争力。在学历继续教育方面，让基层开放大学的教师参与更多的专业建设，让能力较强的基层开放大学逐渐承建部分专科专业建设任务；在非学历继续教育方面，则要充分发挥国家开放大学、省级开放大学对基层开放大学开展老年教育与社区教育的指导作用，特别是要引领基层开放大学开展在线培训，以拓展基层开放大学的发展空间。在办学网络的建构上，应该立足于助力国家乡村振兴战略，健全覆盖乡村的"送教上门"的办学网络，延伸并增强体系办学的生命力和增长点。

2. 加强体系人才队伍的建设

人才是开放大学高质量发展的核心要素，开放大学应该高度重视自身体系的人才队伍建设。一是在人才培养方面，可以采取内培与外引相结合的方式。内培是造血，是从开放大学体系内部培养人才。由于历史的原因，开放大学人才底子薄、学科力量弱，但是开放大学自身人才对开放大学有天然的好感，也对开放大学的教育、教学更为熟悉，体系内部培养的人才对开放大学具有更强的依附感和归属感。加强开放大学人才队伍培育是推动可持续发展、建设服务全民终身学习的教育体系的必然要求。外引是输血，是从开放大学体系外部引进人才。外引人才不仅能够整体提升开放大学人才的综合素质，也能通过新鲜血液的注入，激发开放大学的办学活力，增强开放大学的发展能力。采取内培与外引并举的人才培养模式的关键是要厘清内培与外引的关系。内培人才应有较长期的人才培养计划，以年轻教师和管理人员为培养重点，着力培养年轻有为的学术精英和管理精英；外引人才应以高端人才为主，基于开放大学学科专业的发展布局，有目标、有重点地引进人才，如学科专业的领军人才和拔尖人才、紧缺专业或重点专业的优秀人才等等，以促进开放大学教育教学质量迅速提升。二是在人才培训方面，要对人才进行针对性的培养。要树立开放大学体系人才"一盘棋"的理念，立足开放大学体系建构人才培训体系，将面向教师、管理人员、技术人员的培训延伸至基层开放大学。通过开展面向基层开放大学教师队伍、管理队伍以及信息技术队伍的培训，全面提升基层开放大学的人才队伍素质。通过组织实施面向基层开放大学的领导力提升工程，加强业务政策、领导力等培训的力度，提升基层办学点领导干部的领导能力与水平。

（三）激发体系发展动力

体系办学是开放大学的特点，也是高质量发展之根基。当前，各级开放大学存在结构关系比较松散、体系意识比较薄弱等问题。在新的发展阶段，要探索和构建科学的体系治理框架和运行机制，一方面要强化国家和各省级开放大学的龙头作用，打造开放大学体系的利益共同体、情感共同体、文化共同体；另一方面要激发基层开放大学的活力，不断优化"一级统筹、二级管理、三级办学"的运行机制，引导基层开放大学聚焦学习型社会、技能型社会的建设需要，融入区域发展战略部署，加快构建服务全民终身学习的教育体系。同时，省级开放大学要加强对基层开放大学的绩效考核，进一步完善基层开放大学的绩效考核标准，充分利用绩效考核的"指挥棒"，推动基层开放大学深化转型发展，强化新型高等学校特色，全面探索创新改革发展路径、举措。

三、实施求同存异的发展策略

（一）学历教育的发展策略

对于学历教育来说，开放大学的求同存异策略主要体现在两个方面。一是求同，就是要通过开放大学命运共同体的建设，实现开放大学办学理念的求同，引领基层开放大学同向同行，凝心聚力办好开放教育。二是存异，在与基层开放大学共同办好开放教育的同时，也要引领基层开放大学结合自身的地域特色、学校特色等，挖掘新的学历教育项目，促进基层开放大学的个性化发展。

（二）非学历教育的发展策略

非学历教育的"求同存异"策略，可以通过建立开放大学的战略合作培训联盟，实现开放大学体系在小项目上的各自为政，在大项目上的协同一体。

战略合作培训联盟应以市场需求为导向，以开放大学总部为引领，通过搭建在线培训平台，整合开放大学体系的培训资源、教师资源与政府资源，面向政府部门、行业系统开展大规模的线上线下一体的培训。战略培训联盟的实质性运行依赖于相关体制机制的建立、教师与教学资源共建共享模式的形成，以及在线培训资源体系的建成等。

在项目的具体实施上。可以从两个方面入手。一是实施小项目的自主发展：非学历培训具有"短、平、快"的特点，为此，体系内各基层开放大学自主开展培训具有效率高、见效快的特点。特别是对于定制培训，可以基于委托单位的需求，快速形成培训方案，组织实施培训工作。然而对于这种培训模式，在社会培训机构蜂拥而至、高校培训规模快速扩张的今天，且在开放大学缺乏品牌优势的情况下，开放大学难以形成较强的培训竞争优势，也难以争取到大型的培训项目。二是实施大项目的体系合作：开放大学体系是开放大学自身固有的优势，依托体系合作开展培训，可以彰显资源共享、师资共用的优势。特别是在争取政府部门、行业系统内的大型培训项目时，能够整合体系的教学师资与教学资源优势，充分发挥自身的在线教学优势，形成与其他教育培训机构的比较优势。

例如，广东开放大学依托广东终身学习网开展广东省大型骨干企业专题培训、广东省和江西省企业首席质量官培训、国际标准化知识培训班、本科高校教师标准化知识培训班、企业高管标准化专题培训、提升干部素质能力系列专题培训等非学历教育项目，四年时间内培训人数达到77万人次。其中，广东省人力资源和社会保障厅等四厅局委托的省大型骨干企业培训项目，面向广东省内200余家年主营业务收入超过100亿元的大型企业中高级管理人员和技术骨干开展，培训效果良好，为促进区域产业转型升级做出了较为显著的贡献。

第三节　外拓：延展开放大学办学体系

开放大学办学体系的拓展主要包括两个方面：面向国内的办学体系拓展与放眼国际的办学体系拓展。

一、面向国内的办学体系拓展

开放大学应充分发挥开放大学体系的作用，通过多方合作，拓展开放大学的办学领域，延展开放大学的发展空间。一是开放大学可以与高等学校或社会教育培训机构等合作，共建校外学习中心，延展开放大学的办学体系。开放大学的校外学习中心的建设与管理，可以借鉴普通高校网络教育学院对于校外学习中心的建设与管理模式，即校外学习中心主要负责协助招生工作，提供学习场所和非学术性学习支持服务。二是开放大学可以与高校合作，特别是与职业院校合作，通过实施开放教育与职业教育的一体化人才培养，为社会培养高素养的复合型人才。三是开放大学可以与行业企业合作，采取联合人才培养方式，为行业企业定制人才培养方案，为行业企业定向培养人才，促进开放大学更接地气、更能顶天立地。

二、放眼国际的办学体系拓展

开放大学需要充分发挥自身信息化教学的优势，采取"引进来"与"走出去"的策略，扩大开放大学的国际化办学合作。

首先，结合开放大学自身的地域优势和办学特色，积极拓展国际化办学。例如，广东开放大学立足身处粤港澳大湾区的优势，围绕"双区"

和横琴粤澳深度合作区、前海深港现代服务业合作区建设，主动融入、服务粤港澳大湾区国际教育示范区建设，推进粤港澳大湾区教育合作；探索在港、澳设立学习中心，建设现代服务业相关对外开放合作专业，招收港、澳学生；办好珠澳学院，扩大港澳学生规模，开展大湾区特色职业教育和大湾区青年学生文化交流活动；加强粤港澳资历框架合作，探索粤港澳高等教育学习成果的认定、积累和转换。

其次，健全国际化办学的合作机制。将国际交流合作作为一项重要指标纳入开放大学的绩效考核管理，推动教学单位积极参与国际化合作，鼓励各教学单位形成自身的国际化特色，加快提升学校国际化办学水平。例如，广东开放大学将充分发挥"一带一路"标准化教育与研究大学联盟作用，推进全球标准化教育、研究和人才队伍建设，探索开展国际访问学者项目。在继续办好原有合作办学项目的同时，开拓2～3个专科或本科层次中外合作办学项目，开展后疫情时代"线上＋线下"国际职业教育，打造一批国际化优质教育资源。

最后，采取"引进来"与"走出去"并行的策略。一方面，开放大学要将国际上优质的办学项目"引进来"；另一方面，开放大学要让自身的优势办学项目"走出去"。比如，广东开放大学将重点面向德国、英国等国家和香港、澳门等地区引进学历教育优质资源，探索标准共建、课程共享、学习成果互认、学生交流和国际合作办学等形式。积极参与"一带一路"建设，主动跟随优质产业或重点企业"走出去"，探索建立海外学习中心与国际教育在线学习平台，开发优质职业培训资源，承接中资企业海外员工职业培训、海内员工国际化培训等活动。加强与"一带一路"沿线国家开展开放教育与职业教育的交流与合作。

第五章　学科引领：开放大学的学科专业建设

对于高校的学科建设与专业建设的关系，原北京师范大学校长钟秉林教授认为，学科建设体现了大学科学研究、人才与师资队伍建设的一种价值取向，其发展反映了一个学科或一所学校的学术实力和水平；专业建设体现了大学人才培养的一种价值取向，其发展反映了一个专业或一所学校的人才培养类型和水平。加强学科与专业建设是中国高校内涵建设的核心任务，也是优化教育资源配置机制的重要内容。一方面，学科建设为专业建设与发展提供知识体系支撑，是专业发展的重要基础。学科建设和科学研究可以提高师资队伍的整体素质和教师的教学和科研能力水平，也有利于将学科资源有效地转化为专业教学资源，如将相关研究项目和成果转化为课程与教材的新内容，据此开发新的教学实验、为学生提供毕业论文（设计）选题，甚至以此支撑特色专业建设等，为提高专业人才培养质量提供条件。另一方面，专业建设为学科建设与发展提供优质的人力资源支撑和学科专业分化与融合的可能性，是学科建设的重要方面。专业建设和人才培养的过程，尤其是本科生早期参与科研，以及硕士、博士研究生从事学位论文研究的过程，既是培养创新型人才的重要途径，也为促进学科发展和提升科学研究水平提供了生力军。（钟秉林、李志河，2015）

然而，对于开放大学的学科建设与专业建设，一直存在两种截然不同的观点：一种观点认为开放大学自身研究力量不强，教师的整体素质不高，专业建设已经很吃力，没有足够的能力和精力开展学科研究；另一种观点则认为开放大学作为一所新型本科高校，作为独立开展本科、今后还计划开展研究生层次教育的高校，学科建设是其不可分割的一部分，应该加强开放大学的学科建设。本章主要基于开放大学的学科建设、专业建设及其相互关系作进一步的探讨。

第一节　开放大学的学科建设

一、开放大学学科建设的应然性

对于一所大学而言，没有学科建设便难以称其为大学。开放大学作为新型高校，探索建构以在职人员为主体、以应用型人才为核心的学科体系与专业体系非常必要。学科建设是专业建设的引领，学科建设的研究与探索是促进专业建设的前提条件。

（一）学科建设是大学立校之本

学科是高等学校赖以生存和发展的基础，是承载大学人才培养、科学研究与社会服务三大职能的平台，代表着高校教学、科研和培养人才的方向，是高校竞争力的基础。学科水平的高低直接影响并决定着高校的水平、质量、层次和知名度（程印学，2009）。"没有学科就没有大学，没有学科制度就没有大学制度"（王建华，2011）。

学科是大学立校之本，对开放大学来说，依然如此。开放大学不仅要重视专业建设，更需加强学科建设。缺乏学科组织和学科平台的支撑，开放大学只能被高等教育界认为是一所不规范的大学。若坚持和维护其"不规范性"，开放大学将"永远成为不了一所真正意义上的大学"（徐美恒，2013）。从国际上知名开放大学的发展情况来看，学科建设是其重要选择，也是其获得地位和声誉的重要基础。例如，英国开放大学学科建设成绩斐然，其地理学科、艺术史、建筑与设计等学科进入全英一流学科之列；澳大利亚南昆士兰大学作为双重模式远程开放大学的优秀代表，其学科建设完全按照普通大学的标准进行。

（二）学科建设是专业建设之本

学科是专业建设之本，学科建设为专业建设与发展提供知识体系支撑，是专业发展的重要基础。通过学科建设和科学研究，可以提高学校师资队伍的整体素质和教师的教学和科研能力水平，有利于将学科资源有效地转化为专业教学资源，比如将相关研究项目和成果转化为课程与教材的新内容、开出新的教学实验、为学生提供毕业论文（设计）选题，以及支撑特色专业建设等，为提高专业人才培养的质量提供条件。没有学科建设的专业建设，由于其没有创新性、成长型知识体系的支撑，只能从其他高校的研究成果中获取，导致开放大学难以形成自身的核心竞争力。

开放大学作为新型本科高校，是具有独立自主办学权且能颁发学士学位的高校。国家开放大学正在筹办开展硕士学位办学，由此可见，开放大学的学科建设刻不容缓。

开放大学的学科建设不仅仅局限于专业的学科建设，还包括终身教育体系中继续教育的学科建设。终身教育体系中包含了学前教育、学校教育和继续教育。学前教育和学校教育已有丰富的科学研究和学科研究成果。继续教育学科虽然有成人教育学科的丰厚研究成果，但是从成人教育学科的研究对象和范畴来说，已经难以涵盖学前教育与学校之外的继续教育领域。建立新的继续教育学科，开展继续教育学科研究，方能形成体系化继续教育理论体系，为开放大学终身教育体系的建设提供强有力的支撑。

（三）学科建设是高校可持续发展之源

高校之间的核心竞争力，不仅体现在专业人才培养上，更体现在为专业人才培养提供知识和人才支撑的学科建设上。高校通过学科研究，不断探索形成新的学科知识体系，基于新的学科知识体系能在专业建设上产生比较优势，也能在创新性人才培养上体现特色。因此，缺乏学科建设的高校其核心竞争力无从依托。同样，缺乏学科研究、没有学科建设的高校也难以实现自身的可持续发展，特别是当高校将自身向更高层面的学历层次发展的时候。比如硕士研究生培养，如果没有学科建设，就意味着高校科研能力的缺失，那么研究生的培养也就无从说起。

二、开放大学学科建设所面临的挑战

开放大学学科建设所面临的挑战是多方面的，主要包括以下三个方面。

（一）学科建设起点低

从我国开放大学的总体情况来看，开放大学的专职教学、科研人员所占比例很少，研究队伍的整体水平相对薄弱，开放大学在学科领域的高水平学术带头人凤毛麟角。其原因与开放大学学科建设的水平相对较低、学科平台不完善、学位点建设刚刚起步密切相关。只有充分认识学科建设的重要性和紧迫性，抓住时机、提高水平，才能聚集更多的学科人才投身开放大学的事业中。

（二）学科建设基础弱

由于历史的原因，原来的中央广播电视大学体系的重点不在学术研究上，也不太重视学科建设。开放大学作为新型本科高校，还存在学科建设的"四多四少"现象，即教学人员多，学科带头人少；单兵作战多，团队攻坚少；低水平重复多，高层次成果少；随机选题多，研究基地少（柳友荣，2008）。特别是对于基层开放大学，其定位主要是支持服务机构，主要是为开放教育学习者的学习提供教学服务等学习支持服务，而对于学科建设与学科研究，主要由中央广播电视大学开展，基层开放大学很少将学科研究和学科建设作为重要工作。自2012年教育部批准成立以国家开放大学为核心、5所开放大学构成的"1+5"的开放大学体系，这5所开放大学作为新型本科高校独立存在，具有自主办学权，能够授予学士学位。鉴于此，学科建设被提至开放大学的日程上来，但是总的来说，由于缺乏积淀，近乎白手起家的省级开放大学的学科建设基础薄弱，开展学科建设可谓任重而道远。不过值得高兴的是，一些开放大学，如广东开放大学通过高层次人才的引进，提升了整个开放大学的研究力量和学术水平，为开放大学的学科建设奠定了发展的基础。

（三）学科建设机制不健全

开放大学学科建设机制尚不健全是由开放大学学科建设的现状所导致的，主要表现在以下四个方面。一是学科建设有待更长远、更系统的规划，体系化的学科建设规划才能引领学科建设的可持续发展。二是学术梯队的引进与培养机制有待完善，包括激励与约束学术梯队的机制等。三是开放大学学科研究平台的搭建工作刚刚起步，如何与其他高校合纵连横，建立学科研究与建设的共同体，还需要进行深入的探讨。四是科研成果的激励机制已经逐渐被建立起来，比如广东开放大学已经建立的学术研究成果的奖励机制，也已经有了"老年学"这样的省级重点学科。

三、开放大学学科建设的目标定位

（一）开放大学的学科建设目标

开放大学的学科建设目标应基于开放大学自身的特色与核心竞争力来确定，并以此建立开放大学特色的学科体系，基于开放大学主要面向在职人员的应用型人才培养定位。开放大学的学科建设目标应该是优先发展特色学科、积极发展新兴学科、大力建设应用型学科、建构应用型学科知识体系。一是优先发展特色学科研究，建设特色专业，也就是要基于开放大学在线教育、在线教学的特点，发展以在线教学为主的特色学科，展现开放大学依托在线教学为主的学科建设特色。二是积极发展新兴学科研究，建设新兴专业，也就是要基于现代信息技术发展，积极发展新兴的信息技术类学科，以充分彰显开放大学以技术立校、以信息技术为依托的特点。三是大力建设应用型学科，要立足应用型人才培养，开展应用型人才培养研究，建设应用型学科体系，建构应用型人才培养的知识体系。为应用型人才培养的专业建设提供强有力的支撑。

（二）开放大学的学科建设定位

1．学科体系的应用性

从科学研究和社会服务上看，由于开放大学面向社会在职人员，以知识、技能的应用为本，与新建本科高校培养应用型专门人才的定位相适应，开放大学的学科建设应突出应用研究、生产应用性知识和专业技能，服务于开放大学的专业建设和人才培养。为此，应该建设具有应用性的学科，建立应用性较强的学科知识体系。没有应用性学科的支撑，应用研究难以达到高水平，没有高水平的应用研究成果，也难以为当地经济社会发展提供高水平的服务。

2．学科研究的开放性

基于开放大学开放办学的特点与现状，建立开放性的学科研究环境。一是建立开放性的学科知识体系，使得学科知识体系具有成长性；二是建立开放性的学术研究队伍，开放大学通过不断吸纳社会优秀学术研究人员或队伍，通过互助共享建立强大而开放的学术研究团队；三是建设开放性的学术研究文化，创建开放性的学术研究氛围等；四是建立开放性的学术研究资源，开放大学通过学术研究资源的开放共享，实现学术研究资源利用效率的最大化、合作空间的最大化、研究成果的最大化。

3．学科研究的先进性

充分利用现代信息技术搭建先进的学科研究平台，利用网络信息手段提升学科研究能力，促进学术团队交流，提高学科研究效率；充分利用电子图书资料库，紧跟学科研究的前沿性，体现学科研究的先进性。

4．学科服务的终身性

开放大学学科知识体系的布局需要体现终身性的特点，能够为学习者的终身学习提供学历教育与非学历教育的知识与技能支撑。同时，基于终身学习的学科知识体系架构是更为宽广的知识体系架构，能够为学科建设提供更多更好的终身性服务。

四、开放大学的学科建设规划

（一）指导思想

开放大学的学科建设规划的指导思想是学科建设与专业建设的一体化，促进学科建设与专业建设的协同发展，通过学科建设引领专业建设，促进开放大学的人才培养，提升人才培养质量，同时利用开放大学的专业建设成果，反哺并促进开放大学的学科建设，通过优化、完善，自下而上地促进开放大学的学科建设。

（二）建设策略

开放大学的学科建设策略包括以下五个方面。

（1）试点先行，探索模式：当下，开放大学的专业数量很多，所涉及的学科门类也很多，基本涵盖文理工等多门类学科。为了探索开放大学的学科建设模式，首先可以选择有较强学术研究力量的学科专业进行先行试点，学校在学科研究与学科建设的政策上给予倾斜性支持。

（2）以点带面，重点突破：学科研究的范畴很广，内容也很多，对于学科研究，可以采取以点带面、重点突破的方式，在学科研究范畴中，先选择几个具有开放大学优势的领域进行重点突破，然后再在某个学科领域实施全面突破，引入终身教育、教育技术、继续教育、老年学、社区教育等优势专业。

（3）分类建设，分步实施：学科建设的分类建设是指在每个学科门类中选择一个或几个学科进行建设，如文科选 1～2 个学科，理科选择 1～2 个学科，采取分类建设的方式，能够实现各类学科的同步发展。同时，可以基于不同类型学科的特点，建立不同的学科建设标准，实现各类学科的个性化发展，达到百花齐放、百家争鸣的目标。

（4）学校重视，达成共识：学校重视学科建设是学校的战略决策与步骤，这就要求在学校层面成立相关的学科建设组织，建立学校层面的发展规划，同时通过宣传引导在全校、全体系内达成共识，共同推进开放大学的学科建设。

（5）政校行企合作，彰显学科建设特色：开放大学因为体系化办学，办学网络深入到城乡、社区，因此是最"接地气"的大学。为此，开放大学可以依托自身体系化办学的优势，与当地的政府部门、行业企业等合作开展学科建设以及专业建设，从而彰显开放大学的学科建设特色。

五、开放大学的学科建设模式

开放大学的学科建设与专业建设是不可分割的，为此，查代春（2020）将开放大学的学科建设总结为四种模式：一是"1门龙头学科＋N个关联学科"，该模式旨在选择以学科力量较强、涉及面较宽的学科为龙头学科，并进行重点建设，以此统摄和引领其他N个关联学科的发展。二是"1门特色学科＋N个优势专业"，该模式适用于学科力量较弱的省级开放大学，可选择由省级开放大学重点建设一门特色学科，打造学科品牌，然后围绕该学科统筹全省开放大学系统的力量，选择N个相关专业加强建设。三是"1所开放大学＋N所地方高校或科研院所"，该模式以1所开放大学为主体，通过整合N所普通高校和科研院所等学科教育资源，来开展特色学科和特色专业建设。四是"1个学科核心团队＋N个专业团队"，该模式旨在强调在学科队伍建设过程中，以国家开放大学（总部）的学科团队为核心，充分整合各省级开放大学（分部）的学科和专业力量，以此打造有特色的专业团队。

六、开放大学的学科建设内容

开放大学的学科建设内容包括以下五个方面。

（一）建立学科组织

开放大学可以在学校层面成立学科建设指导委员会以及类似的组织，并建立学科带头人与专业带头人、学科研究与教学研究合二为一的团队，实现学科建设与专业建设的协同发展。

（二）建设学科方向

基于国内外学科发展现状，结合开放大学自身学科发展的历史和情况以及学术研究队伍的结构与实力，精准选择学校重点建设和发展的学科。基于二级学科选择学科方向，对于开放大学来说，根据其应用型人才培养目标，应该选择应用性比较强、得以彰显自身优势和特色的学科方向。一是选择应用性强的学科方向，建设应用性的学科知识体系。二是选择成长性强的学科方向，而且这个学科方向能够下沉与向下延伸，与应用型专业、应用型人才的培养目标相吻合。

在具体举措上，开放大学应该以现有学科专业或专业方向为依托，凝练学科研究方向，聚焦科研项目，通过建立学科研究基地聚焦学科目标、集中优势力量、实现合作研究。当然，在学科建设中应审时度势，采取"异军突起，出奇制胜"的策略，选择能在国内外产生重大影响，或者独一无二的研究方向。（刘献君，2000）

根据国内外学科发展状况、自身学科发展的历史和现状、教师队伍的结构，开放大学应精准选择需要重点建设和发展的学科。一旦选准，就要"有所不为，有所为"，集中人力、物力建设重点学科。例如，加州大学伯克利分校在经费上给重点建设的学科增加了3%～5%，其他学科则减少了3%～5%。此外，在进人指标、教授晋升、房屋分配等方面都应向重点学科倾斜。同时，要建立竞争机制，在学科建设中，形成你追我赶的态势。（刘献君，2000）

建立内部学科评估制度与机制，根据评估基本理念、性质定位和价值取向，建立以"师资队伍与资源""人才培养质量""科学研究水平""社会服务与学科声誉"四个一级指标为框架的评估指标体系（黄宝印等，2018），以评促建，以评促改。

（三）建设学科梯队

基于学科方向建立学科梯队，一般一个学科梯队有1名学科带头人、3～5名学科骨干、若干名科研助手。

学科梯队的建立可以采取外援内生方式，做到以校养才、以才育才。

开放大学可以通过引进或聘请学科带头人，培养自身的学术研究力量，逐步打造具有核心竞争力的学术梯队。特别是要培养能够真正在全国及全省产生影响、能带动某个学科或领域发展的领军人物。

对于学科研究梯队的培养，可以从四个方面入手。一是增加数量、优化结构，形成学历结构、年龄结构、专业结构合理的梯队。二是开展教研互动、促进教学相长，开放大学可以通过学科研究团队的互动交流，促进团队的整体水平提升。三是保障投入、多方激励，就是要在学科建设上保障足够的投入，并建立多维、多元的激励机制，激发学科研究团队的积极性和创造性。四是组建团队、凝练方向，基于学科的方向组建研究团队，集中力量，形成集中的成果；基于学科群的理念，组建跨学科团队，形成体系化的学科群研究成果。

（四）建设学科基地

基地是学科发展的物质基础和平台，它可以为学科发展提供良好的实验、研究环境和条件。建设学科基地包括五个方面。一是布局学科架构，形成学科生态群。二是建设学科研究基地，凝聚学科研究方向，如市级、省级、国家级的学科研究基地、校企合作基地等。三是面向政校行企，形成优势互补的研究团队和基地。学科研究团队不仅有理论性的学术专家，也要有实践性的行家里手。开放大学通过学科研究下沉共建研发基地，以及通过学科研究的相互协作促进学科的快速成长。四是共建共享学科研究平台，通过搭建合作型的学科研究平台，比如通过广东省或全国相关学科方向的研究基地实现平台、资源共建共享。五是充分发挥开放大学体系化办学优势，可以组织全体系的力量开展学科研究，申请省级、国家级科研项目，实现学科研究的团队作战、大规模作战。

（五）建立完善学科研究体制机制

建立完善学科研究体制机制包括三个方面的内容。一是基于开放大学体系化办学特色，以及应用型、职业型人才的培养目标，建立科研成果评价体系。同时，建立以应用型学科和应用型成果为导向的科研成果库和科研成果评价体系，激励学科团队开展应用型的学术研究，建立应用型的学科知识体系。二是建立学科建设激励机制，实现学科研究与教学工作量挂钩、与教学绩效挂钩、与职称评审挂钩、与薪酬体系挂钩，据此进行科研经费、酬金的奖励。三是建立有利于团队作战的激励机制，促进学科团队的整体水平的提升和集体成果的获取。

第二节　开放大学的专业建设

一、专业建设存在的问题

对于开放大学，加强专业建设的意义毋庸置疑，然而，开放大学的体系化办学对于专业建设既有明显的优势，也带来了较大的挑战。

（一）开放大学专业建设的优势

开放大学专业建设的优势包括两个方面。一是体系化的专业团队建构。开放大学的专业建设团队，不仅包括开放大学总部的学科专业教师，还包括分布在各个地域的基层开放大学的专业教师。由于开放大学体系庞大，其专业教学团队的教师构成多样、数量充足，可以通过总部＋分部的方式，整合各专业优秀师资力量加强专业建设。二是特色化的专业建设。开放大学体系深入到乡镇、社区，学生来源多元化。为此，开放大学在专业人才培养方案的制订、专业教学的实施，以及线上线下教学的组织更接地气、更有特色。

（二）开放大学专业建设存在的问题

目前，开放大学的专业建设主要由总部开展，基层开放大学通过专业教学团队、课程教学团队等方式有限参与。当前，开放大学尚处于发展阶段，总部师资力量总体有限，在开设较多专业的情况下，由总部负责所有专业建设的模式会面临一些问题，如专业建设的师资不足、专业建设的深度与精度不够等问题。这既体现在课程资源更新偏慢，也体现在获得本科学位授予权的专业数量年增长量不多，还体现在紧贴社会实际需求的新兴专业、特色专业开设得还不够，已开设的专业与普通高校专业同质化较严重，等等。具体来说，包括以下三个方面。

首先是师资队伍总体水平不高。由于历史的原因，省市各级开放大学在广播电视大学阶段，长期作为教学辅导部门和学习中心的角色开展工作，教师主要承担中央广播电视大学专业课程的教学辅导工作。因此，长期以来，开放大学师资队伍的总体水平不高。近年来，各级开放大学高度重视教师队伍的建设，师资水平总体得到了提升，这一状况因而有所改观。比如广东开放大学，通过高层次人才的引进，很大程度上充实和提高了广东开放大学的总体师资水平。

其次是实验实训条件总体较弱。基于开放大学在线教学的特点，学习者主要在网上进行自主学习，开放大学的实验、实训条件总体较弱，学习者主要在基层开放大学或自身所在单位进行实验实训，也正因为这样，开放大学的专业设置更多是文理科中实验、实训要求不高的专业，与产业发展密切相关的理工类专业力量薄弱。

最后是专业建设体系参与不够。当前的基层开放大学更多参与课程辅导教学，参与专业建设的机制体制尚未建立，还存在参与积极性不高等问题。开放大学的专业建设有待强化体系合作的优势，需要充分调动基层开放大学参与专业建设的积极性，同时需要建立配套的机制，激励基层开放大学教师积极参与专业建设。

二、专业建设的规划路径

开放大学的专业体系建构与专业建设，可以围绕六个问题进行规划和设计（曾祥跃，2021）。

一是"为谁培养人"，需要回答人才培养方向的问题，包括人才培养的政治方向与价值取向问题。二是"培养什么人"，需要回答人才培养目标的问题。我国 2016 年出台了《高等学历继续教育专业设置管理办法》（教职成〔2016〕7 号），2018 年发布了《普通高等学校本科专业类教学质量国家标准》，对于学历继续教育专科升本科专业设定了基本的教学质量标准，也是开放大学专业建设的基本要求。三是"谁来培养人"，需要回答师资队伍建设的问题，需要明确专业体系的教师队伍构成，以及专业课程体系中每位教师的职责分工，并形成协作机制，促进专业的可持续发展。四是"用什么培养人"，需要回答专业课程体系建设问题。专业人才培养目标的达成在于教学内容体系的科学规划与设计，即专业课程体系的规划设计。每一门课程都是专业课程体系的有机构成，课程之间既相互联系也相互区别，共同构成专业人才培养的内容体系。五是"怎样培养人"，需要回答人才培养模式问题，对于学历继续教育专业，应基于以在职人员为主体的业余学习特性选择人才培养模式，制订教学实施方案。六是"为什么能培养人"，需要回答教学质量保障问题，包括教学条件保障和质量保障两部分。在教学条件方面，需要满足每门课程所需的教学设施设备、实验实训条件；在质量保障方面，需要制订专业层面及课程层面的质量保障举措。（曾祥跃，2021）

三、专业建设的内容布局

开放大学的专业建设主要有四个方面的内容。

首先是内容体系建设。在教学内容建设方面，开放大学需要在教学过程中，不断优化与完善专业教学内容，在促进专业教学内容体系不断完善的前提下，不断强化专业的特色，包括教学内容、教学模式、教学手段、实验实训等方面的特色，从而形成本专业的比较优势和核心竞争力。

其次是教学团队建设。在教学团队建设方面，开放大学可以采取"外引内举"的方式不断增强教学团队的力量。比如，对于开放教育专业，开放大学可以通过引进教学名师、知名专家，引领专业教学团队的建设，指导年轻教师的成长；通过对团队中教师成员的培养，引导教师参加教研教改项目、参加各类教学竞赛等，提升教师的教学能力与教学研究能力，从而提升教学团队的整体水平，打造强有力的教学团队。在教学团队的建设方面，开放大学体系因为有自身的办学体系和相对稳定的教师队伍，相对于普通高校的继续教育机构来说，如果能够充分发挥办学体系优势的话，其教学团队的建设相对比较容易。

再次是教学环境建设。教学环境建设是指在专业的办学过程中，开放大学基于教学的需要不断优化教学环境，不断丰富本专业的教学设施设备，还可以通过与行业企业的合作，建设实验实践基地；通过信息技术的利用，建设虚拟的实验实训软件等。在教学资源环境方面，开放大学充分利用国家或省级开放共享的开放在线课程，也是改善学历继续教育资源环境的一个有效途径。

最后是质量保障体系建设。开放大学应基于全面的教学质量观，以专业为基点，从专业的办学指导理念、教学条件准备、师资队伍建设、培养方案制订、教学资源建设、教学过程组织、教学服务提供、质量目标实现等方面建构全面的质量保障体系。具体包括办学思想与办学目标的正确性、教学条件的充裕性、师资队伍的保障性、培养方案的适切性、教学资源的合适性、教学组织的严谨性、教学服务的周全性，以及质量目标的达成度等。

四、打造开放教育品牌专业

当前，学历继续教育领域尚未开展品牌专业的建设，然而，立足精品课程建设，规划和打造开放大学的品牌专业是未雨绸缪、获取先机的重要措施。

开放大学的品牌专业建设，应立足于六个方面：①立足应用型人才培养，精心设计适需对路的专业课程；②立足社会优质资源的开放共享，精心打造专业课程；③立足专业化在线教师的培育，打造实力雄厚的在线教学团队；④立足信息技术与教育教学的深度融合，深化开放教育的教育改革；⑤立足在职人员的学习特点，建立适需一体的质量保障体系；⑥立足学习者的终身学习，建构基于专业教学的终身学习资源体系。

五、建设学科引领的专业群

若一所大学没有学科建设，便难以称其为大学。开放大学作为新型高校，探索建构以在职人员为主体，以应用型人才为核心的学科体系与专业体系非常必要。学科建设是专业建设的引领，学科建设的研究与探索是促进专业建设的前提条件。学科建设也是开放大学总部责无旁贷的任务，开放大学总部应集中优质资源、优秀师资开展开放教育的学科建设，通过学科建设引领开放大学体系的专业建设。

开放大学应在学科建设的引领下开展专业群建设。以国家人才发展战略为导向，以应用型人才培养为核心，重点打造凸显开放大学特色与在线教学优势的专业，逐步形成开放教育的学科专业群。比如广东开放大学，基于开放教育与职业教育的一体化办学，在探索职业教育高水平专业群建设的同时，引领带动开放教育的学科建设模式。整合开放教育专业群与职业教育专业群资源，推动服务同一产业的职业教育专业群与开放教育学科专业群融合发展。

第六章　开放共享：开放大学的课程资源建设

第一节　开放共享的时代要求

一、开放共享是教育发展的重要战略

2022 年 3 月 28 日，教育部整合社会上的公共服务平台学习资源，建设了由教育部指导、教育部教育技术与资源发展中心（中央电化教育馆）主办的国家智慧教育公共服务平台（如图 6 - 1 所示）。该平台包含国家中小学智慧教育平台、国家职业教育智慧教育平台、国家高等教育智慧教育平台、国家 24365 大学生就业服务平台等，面向社会提供丰富的课程资源和教育服务。该平台依托大数据、云计算、人工智能等技术，通过快捷搜索、智能推荐等方式，为学习者提供多种符合个性化学习要求的智慧服务，优化了用户体验。国家智慧教育公共服务平台的推出，进一步推动了优质资源的开放共享。

图6-1　国家智慧教育公共服务平台界面

1. 高等教育领域的优质资源

自21世纪开始，教育部先后启动了新世纪网络课程建设、国家级精品课程建设、国家级精品资源共享课建设、国家精品在线开放课程建设以及一流本科课程建设等工程项目与评选活动，推动高等教育领域的优质资源共享。在国家层面的精品课程包括新世纪网络课程363门、国家级精品课程3910门、国家级视频公开课992门、国家级精品资源共享课2911门、国家级精品在线开放课2100门。截至2020年6月底，上线慕课数量达到2.9万门，主要慕课平台在校生和社会学习者学习人次达到4.8亿，在校生获得慕课学分人次达到1.26亿。2020年2月，为了应对新型冠状病毒感染疫情，在教育部的组织下，包括1291门国家精品在线开放课程和401门国家虚拟仿真实验课程在内的在线课程2.4万余门均免费开放，覆盖了本科12个学科门类、专科高职18个专业大类，供高校选择使用。在春季学期，全国所有普通本科高校全部实施了在线教学，108万名教师开发出110万门课程，合计教学1719万门次；参加在线学习的大学生达

2259 万人，合计 35 亿人次。①

2. 职业教育领域的优质资源

为深化职业教育教学改革，推动职业教育的线上教学与优质资源共享工作，教育部自 2010 年开始启动职业教育专业教学资源库建设，组织建设了一批优质专业教学资源。截至 2022 年 4 月 3 日，参加院校达 1314 所，标准化课程有 7069 门，素材资源有 395 万个，资源存储量达 127TB。学习平台教师注册用户达 83 万人，学生注册用户达 1734 万人，企业用户达 29 万个。专业资源库的访问量为 732602 万人次。②

3. 基础教育领域的优质资源

为应对新型冠状病毒感染肺炎疫情期间，教育部正式开通了国家中小学智慧教育平台（https://ykt.eduyun.cn/），有力支撑了"停课不停学"工作。截至 2020 年 12 月，该云平台浏览次数达 24.60 亿，访问人次达 20.22 亿；教育部组织建设了优质基础教育资源，2020 年春季学期组织建设上线了中小学各学段各学科课程资源 4649 节，秋季学期共制作上线了 3803 课时的资源。

4. 终身教育领域的优质资源

在 21 世纪初，教育部就启动了现代远程教育试点工程，批准了普通高校的现代远程教育试点以及中央广播电视大学的开放教育人才培养模式试点。经过 20 多年的实践探索，68 所现代远程教育试点高校与开放大学（广播电视大学）体系建设了数万门网络课程资源。

国家开放大学持续推进数字化资源的开放共享。截至 2020 年，国家开放大学共建成 250 多个国家数字化学习资源分中心，集聚各类优质课程近 7 万门，建设"五分钟课程"近 4 万门，全部免费向社会开放。在老年教育资源方面，国家开放大学集聚 9 大类共 20 万分钟的适合老年人学习的优质数字化学习资源，编制《老年教育资源目录》，整合主题式课程 400 余门。2020 年，国家开放大学推出"乐学防疫"公益课堂，汇聚课

---

① 参见教育部《关于在疫情防控期间做好普通高等学校在线教学组织与管理工作的指导意见》（教高厅〔2020〕2 号）。

② 参见职业教育专业教学资源库项目管理与检测系统网站（http://zyk.ouchn.cn/portal/index）。

程共计4.1万门，各学习平台总访问量达到900万人次。

此外，为推进优质资源的国际化，教育部推动建设了"爱课程"和"学堂在线"两个高校在线教学国际平台，"学堂在线"入选联合国教科文组织全球教育联盟，免费向世界各国学习者提供英文课程资源和必要的教学服务。2020年12月，在教育部的指导下，清华大学发起成立"世界慕课联盟"，来自五大洲14个国家的高校与在线教育机构作为创始成员加入。2019年10月，为满足广大中文学习者对线上中文学习的需要，教育部、国家语言文字工作委员会指导并支持建设全球中文学习平台。截至2021年5月底，该平台注册用户达336万，覆盖176个国家和地区。面向海外中文学习者的支持中、英、日、韩、俄、泰六种语言的国际版"译学中文移动端应用"也已于2020年4月正式上线。

二、开放共享是开放大学的应然选择

1. 彰显开放大学的开放理念

开放是开放大学的灵魂，是开放大学作为新型高校存在的重要特征所在。开放大学以开放的理念，共建共享社会优质资源，同时将自身的优质资源面向社会开放，是开放大学的应然选择。

2. 避免课程资源的重复建设

我国经过近20年的在线开放教学资源建设，已经积累了海量的优质在线课程资源。鉴于在公共服务平台上已有的可共享优质社会资源，且可通过引进作为开放教育的在线课程资源，因此，再组织教师进行自主建设资源将是一种资源的重复建设，会造成人、财、物的浪费。

3. 促使学习者享受更优质的资源

当社会上的优质学习资源优于教师自建的学习资源的时候，如果开放大学继续采取资源自建模式，实质上是堵住了学习者接受优质教育的通道，剥夺了学习者享受优质资源的权利。这不仅有违开放大学的开放办学理念，对学习者来说也是不公平的。

三、开放共享弥补开放大学资源建设能力不足

开放大学自身资源建设能力不足，主要体现在师资队伍整体素质不高和主讲教师精力不足两个方面。

首先是开放大学的师资队伍整体素质不高。开放大学源于中央广播电视大学。中央广播电视大学的定位是充分利用社会优质师资实施远程教育。因此，其主讲教师更多来自普通高校，中央广播电视大学主要负责课程教学的组织与教学辅导工作，着力于打造建设体系化的辅导教师队伍，而在打造优质主讲教师队伍方面则投入不足。2012年启动的"1+5"所开放大学试点，推动了从广播电视大学到开放大学的战略转型，各开放大学通过大量引进高层次人才，致力于打造优质师资队伍。但是由于开放大学建设时间短，相对于动辄建校百年的普通高校，开放大学的师资队伍整体素质不高，优秀师资数量不多，单纯靠开放大学自身的力量难以打造优质资源体系。

其次是开放大学主讲教师精力不足。当前，开放大学开设的专业较多，通常一位主讲教师需要承担多门课程的资源建设任务。在应接不暇的资源建设与在线教学任务的驱使下，主讲教师能够在资源建设方面投入的精力十分有限，因此难以打造出优质、精品的在线课程资源。

正是由于开放大学自身资源建设能力不强、优质资源不多，在国家精品课程、精品在线开放课程、一流在线课程等评选中，才显得业绩平平，难以与普通高校媲美。

第二节　开放共享的资源建设模式

一、资源引进的必要性

立足开放共享的时代需求，开放大学引进社会优质资源非常必要。然而，当前开放大学可以引进的社会优质资源并不多，原因之一在于顾虑太多，如认为名校资源太高深而不适合基础较弱的开放大学学生，共享的资源难以保障长期稳定的使用，共享资源的学习记录难以获取，共享资源需要让学习者登陆多个平台，等等。实际上，这些问题均可以获得较好的解决。一是名校资源并不一定都是高深的，如许多名校所开设的通识类、文化类的资源，这类资源普适性较强。二是通过选择国内外大型公共服务平台上的学习资源，如中国大学 MOOC（慕课）、学堂在线、智慧树等，可以保障引进资源的长期稳定使用。三是通过开发接口或统一门户认证方式，实现数据的对接，可以避免学生需要登录多个平台进行学习的问题发生。

二、资源建设的重要意义

当前国家组织建设了丰富的优质在线课程资源，尽管引进社会优质资源对于推进开放大学教学质量的整体提升有重要的价值与意义，但是自主建设在线课程资源，对于开放大学自身发展来说，仍然具有非常重要的意义。

1. 培养专业化教师队伍

当前，开放大学处在快速发展阶段，也处在转型的关键时期，迫切需要建设一支优质、精干的教师队伍。在线课程的资源建设需要教师具有先进的教学设计理念，掌握现代信息技术的应用，掌控在线课程的教学内容，熟悉在线教学与评价的全过程。教师通过开展资源建设，能够整体提升自身的在线教学能力。随着开放大学实力的增强、师资队伍的日渐壮大，自建资源也将逐渐成为开放大学在线课程资源建设的主要模式。

2. 打造专业核心竞争力

对于开放大学自身需要重点建设的专业，则应尽可能采取自主建设方式，特别是应该自主建设专业核心课，以形成自身专业的核心竞争力，这对于后续申报教育教学成果奖及质量工程项目等也具有重要意义。

3. 彰显开放大学优势与特色

开放大学作为面向全民终身学习的一所终身教育大学，具有自身的特色与优势，比如老年教育与社区教育领域。开放大学在自身特色与优势领域应加大优质资源建设的投入，通过建设这些领域的优质资源并面向社会开放共享，彰显开放大学的特色与优势。

三、资源建设的模式选择

模式是要素与环境在机制的驱动下所形成的一种相对稳定的、可复制与推广的范式。资源建设模式是指开放大学建设在线课程资源所选择的一种基本范式。对于开放大学来说，开放共享不仅是时代的要求，也是其自身发展的需求。为此，开放大学的资源建设模式，其基本定位应该是开放共享的，包括两方面的含义。一是共享，即最大限度地共享社会优质资源；二是开放，即最大限度地将自身优质资源面向社会共享。为此，开放大学的资源建设应该是资源引进与资源自建相结合；通过资源引进，让开放大学的学习者共享社会优质资源。通过资源自建，建设优质精品课程资源，实现面向社会的开放共享。

对于开放大学来说，不应该一味地引进资源，也不能够一味地自建资源，两者之间需要基于自身的教学实际情况做出选择和平衡。

对于开放大学的高水平课程、新课程、特色课程、专业核心课程以及计划打造的精品课程，均应该以自主建设为主，培养自身的教师队伍和开放大学的核心竞争力，促进开放大学优质资源体系的建构；对于普适性的、难以形成自身特色与优势的资源，以及共享成本更低的资源，则可以采取资源共享方式进行建设，在享有名校优质资源的同时，又能大大降低建设成本。为此，可以以"高、新、特、精"为目标推进资源自建，以共享优质资源为主导进行资源引进，提升开放大学整体资源的质量。

第三节　引进社会优质资源

引进社会优质资源是对学习者享受社会优质资源的权利的保障，也是帮助学习者提升学习效果与质量的重要举措。

一、资源引进导向

引进优质社会资源不仅是开放大学的应然之举，也是开放大学节省办学成本的应然之选。社会优质资源的引进并不是全面否定在线课程资源的自主建设，而是开放大学从整体打造优质资源体系的视角，通过引进社会优质资源，弥补自身资源建设能力的不足，从而打造优质资源体系。为此，社会优质资源的引进主要聚焦于两类课程。一是通用性强且难以形成自身特色、优势的在线课程，比如法学、会计学类在线课程，名校有很多这类优质在线课程且可以共享，自主建设不仅会造成资源的浪费，也难以建设出更为优质的课程资源；二是共享成本更低的课程，在资源同样优质的情况下，共享成本更低的优质课程可以节省高校的建设经费，让高校能够将有限的经费投入更需要建设的教育教学环节中。以下是开放大学引进社会优质资源时应坚持的三个导向。

首先是统筹规划。社会优质资源的引进应坚持"全校一盘棋"的建设思想，实现自建资源与引进资源的统筹规划、学历教育与非学历教育资源建设的统筹一体、开放大学总部资源与分部资源建设的统筹协调。

其次是改革驱动。社会优质资源的引进重在引领教育教学改革，通过优质社会资源的引进，优化和提升自身资源建设模式，丰富媒体资源形式，创新教育教学模式，推进开放教育的教学改革。为此，与之配套的社会优质资源的引进应对所引进资源进行研究、学习，以提升自身的教育教学和资源建设水平，推进在线教学改革。

最后是精品引领。坚持引进精品课程资源，以体现内容的科学性、资源的优质性、媒体的先进性。具体来说，开放大学应鼓励引进国家级、省级精品在线课程资源，以及国内双一流高校继续教育机构的优质课程资源。对于从国内外大型公共服务平台引进的课程，一般应是在平台上开课两次以上、课程资源质量高、教学效果好的课程；对于从高等教育机构引进的课程，一般应为该校精品课程，或国家级、省级一流专业的在线课程。为保障教学稳定性，引进时间一般不应低于两年。

二、资源引进模式

从引进方式看，社会优质资源的引进分为共享与购买两种模式。共享模式是指通过共享在线课程资源使用权的方式，获取社会上的优质在线课程资源。该类课程通常有使用期限，需要通过平台接口、课程链接方式实现在线课程资源的共享。购买模式是指从社会上购买优质在线课程资源，购买方享有在线课程资源的部分或全部版权，通常没有使用期限，课程资源可通过拷贝等方式直接布局在学习平台。共享与购买模式各有优缺点，需要学校基于自身需要进行模式选择。

从引进内容看，社会优质资源的引进可分为资源共享型与教学共享型两种模式。资源共享型是指只引进在线课程的资源，不引进在线课程的教学服务，在线课程的教学服务由自身教学团队开展，包括课程资源的利用、学习活动的组织、教学交互的开展等等；教学共享型是指既引进优质在线课程资源，也引进在线课程的教学服务。教学共享型的资源引进通常是引进与自身课程在教学内容和教学要求方面契合度高的在线课程，比如引进开放大学体系内的优质在线课程。

三、资源引进方法

1．建立资源目录

开放大学应基于自身课程资源建设的规划与需求，与国内外大型公共服务平台、普通高校、高职院校、全国开放大学体系等建立联系，搭建资源引进平台。开放大学通过收集、遴选社会优质在线课程资源信息，形成可共享或可购买的资源目录，面向教学单位定期发布。

2．选用引进资源

对于社会优质在线课程资源，并不一定要全盘接收。在选用在线课程资源时，要基于"扬弃"的理念，结合开放教育学习者的学习基础和学习特点，将最合适的学习资源用于课程教学。将难度较大或难度太小的资源作为拓展资源，供不同基础的学习者自主学习。对于不适合学习者的学习资源，则不选用或者屏蔽处理。

3．建设衔接性资源

衔接性资源是指当所引进资源的内容深度超出开放教育学习者的实际水平时，在线课程教师需要建设一些基础性的学习资源，让学习者先学习基础性的学习资源，然后再学习所引进的资源。由于社会上开放共享的在线资源均以名校的在线课程资源为主，而名校在线课程资源在设计与建设时往往更多考虑名校自身学习者的需要。因此，名校所建设的在线课程资源在教学内容上可能比较高深，开放大学的学习者可能存在知识基础薄弱的问题。为此，需要建设具有衔接性的学习资源，补充该课程的基础性资源，以帮助学习者能够顺利学习优质课程资源。

4．整合引进资源

教师需要基于在线课程教学的整体布局，将所引进的资源整合到在线课程中，使其成为在线课程的有机构成；并根据在线课程的建设要求，结合引进资源的实际情况，增加在线课程的导学资源、题库资源等，做好在线课程教学交互、学习活动、学习评测等的本地化布局，使得在线课程成为一门真正完整的在线课程。

5．开展资源评价

对于社会优质资源引进的评价可分为验收评价与成效评价。验收评价是指所引进资源在学习平台上被部署完成后，对所引进资源进行的验收性评价，主要评价引进资源的契合性、在线课程的完整性等，一般来说，在验收评价后方能实施在线课程教学。成效评价是指通过一定周期的教学实施后，对所引进资源进行的评价，成效评价的重点在于资源的应用效果，成效评价对于优化教育教学改革、优化资源引进策略具有较大的参考价值。

第四节　自主建设精品资源

一、资源自建导向

资源自建对于开放大学培养自身教师队伍、打造自身核心竞争力具有重要的意义。资源自建需要坚持两个导向。一是开放导向，即立足开放大学的社会服务与终身学习服务功能，建立促进学校精品资源面向社会开放共享的机制，以实现学校优质资源最大限度地开放共享。二是精品导向，即开放大学通过建立精品课程资源的建设标准，立足高标准，引领建设精品课程资源。开放导向与精品导向相辅相成，建设精品资源是开放大学面向社会开放的前提，而面向社会开放共享，又能推动和促进精品课程资源的建设。

基于开放教育资源的建设特点，资源自建应坚持以下四个原则。

（1）学习者参与：让学习者深度参与在线课程资源建设的设计环节。学习者作为在线教学的对象，是在线教学的"用户"，学习者参与在线课程的设计是践行"以学习者为中心""我的学习我做主"的理念，能够产出更切合学习者实际学习需求的设计方案，因为学习者最理解自身的需求"是什么"和"不是什么"；学习者参与在线课程设计，可以避免课程的教学目标与学习需求的偏差，更好地实现人才培养目标；学习者参与在线课程设计，可以将自身所拥有的经历经验和知识技能有机地融入在线课程中，变成更有价值的在线课程内容。

（2）化繁为简：在线课程资源的建设相对于传统课程需要考虑更多的因素，如媒体技术的充分应用、师生时空分离的教学现实等。相对来说，在线课程资源的建设更为复杂。借鉴奥卡姆剃刀原理，采取化繁为简的设计策略更为适用。化繁为简就是要简化在线课程的复杂度，建设轻量、适需的在线课程（如精简适需的内容、便捷易达的服务），建构教师乐教、易教与学生乐学、易学的环境。

（3）能力导向：随着信息时代的到来，知识更替日新月异，单纯以传授知识为导向的时代已经过去。学习者所拥有的知识技能也需要随着时代的快速发展更新换代，特别是在海量的网络学习资源面前，教师单纯的知识传授变得越来越不适应学生当下的需求。在线课程资源建设应该以能力培养为核心、以知识技能的应用为导向，在课程教学中培养学习者的新知获取、知识应用、专业思维以及终身学习能力，以帮助学习者立足于学习型社会，促进学习者获得可持续发展的能力。这就是"授人以鱼不如授人以渔"。

（4）彰显特色：在线课程资源建设的特色不仅体现在内容选择上，还体现在内容呈现上和媒体技术的应用上。彰显自建资源特色，方能在海量优质在线课程资源面前有一席之地。

二、资源自建模式

资源自建模式通常可分为三种类型，即自建开放型、自建自用型与共建共用型。

（一）自建开放型

自建开放型指教学团队自主建设的在线课程资源，不仅面向自身学习者，同时面向社会公众开放。该资源建设模式的优势在于：通过面向社会开放，开放大学可以检验自身课程及其资源质量，获得社会的认可度。同时，开放大学面向社会开放在线课程资源，有利于自身课程的推广应用，通过不断优化提升，能够将自身课程打造成为国家级、省级精品课程。自建开放型的资源建设模式值得大范围推广，该模式适用于实力较强、致力于打造精品在线开放课程的教学团队。

（二）自建自用型

自建自用型资源建设模式是指教学团队自主建设的在线课程资源主要用于教育机构自身学习者的学习，该模式主要适用于专用性强、面向社会推广应用性不高的在线课程。该模式由于可以完全自主开发课程资源并组织在线教学，可以让自身的教学团队获得全方位的锻炼，也可以通过自身团队的力量打造精品在线课程，并在教学自主性的提高以及教研教改的探索方面有一定的促进作用。该模式适用于师资力量较强，有能力依靠自身力量打造出优质在线课程的教学团队。但是在倡导资源开放共享的今天，这种相对封闭的模式难以成为主流。

（三）共建共用型

共建共用型是指两个相对独立的教育机构或教学团队共同建设、共同享用在线课程资源，通过共同的在线课程设计与开发，实现优势互补。对于共建共享型资源建设模式，其优势是明显的，但需要明确双方的投入、产出、职责，以及课程资源的版权与收益等问题。

三、资源自建路径

资源自建通常有四种建设路径。

（一）开展在线课程调研

一是调研校内外同类课程，发现已有课程的优势和特色，包括资源特色、教学特色、支持服务特色以及教学队伍情况等。开放大学通过借鉴他人优势，发现自身不足，在自建过程中突出自己的比较优势。二是调研学习者的学习需求和服务需求，包括学习者特征调研，如学习者的学习风格、学习动机、学习环境、学习条件以及学习服务需求调研等，基于学习者学习与服务的需求，以学习者为中心设计在线课程。

（二）规划在线课程设计

资源建设是在线课程总体设计中的重要环节，其包含于在线课程的总体设计中。

在线课程设计的总体目标是让在线课程成为一门有灵魂、有思想、有内涵的高品质课程。在线课程设计就是要以学习者为中心、以自助式学习为导向，立足在线课程的调研与分析，对在线课程的目标、内容、思政、模式、服务、环境、评价、特色等进行一体化设计，使得各要素有机融合、有序安排。

在资源建设环节，关键是要选择最合适的媒体技术承载在线课程内容，用最合适的媒体表现形式将教学内容充分体现出来，达到学习者爱学、爱用的效果。具体来说，资源建设的设计包括预置性学习资源与形成性学习资源的建设设计。其中，预置性学习资源就是学习者在正式学习前所提前建设的学习资源，也是大家通常所说的资源建设；而形成性学习资源则是学习者在学习过程中所形成的学习资源，也是更有活力与价值的动态性学习资源。

（三）实施在线课程开发

在线课程开发包括资源建设与平台部署两部分内容。资源建设是利用各种媒体技术将在线课程内容转变成学习资源的过程。平台部署则是指教师将在线课程的各类素材、要素（如学习资源、学习活动、学习评测）部署在学习平台，整合成为一个有机整体的过程。这个整体实质上就是一个学习者可以自助式学习、教师可以响应式教学的在线课程环境。如果我们将在线课程开发比喻成房地产开发的话，资源建设就是加工建筑材料的过程，平台部署则是建造房屋的过程。如果没有在线课程的平台部署，那么学习资源将是一些散乱的学习素材，将难以与学习活动、学习评测等教学元素关联起来。从这个视角看，平台部署比资源建设更重要。

（四）提供资源建设保障

首先是要开展全方位的资源建设培训。开放大学要立足主讲教师的实际情况，布局全方位的资源建设培训内容，采取线上线下相结合的方式，面向主讲教师开展资源建设培训，帮助主讲教师掌握在线课程资源建设的方法与技术。

其次是要建立高标准的资源建设规范。包括在线课程的教学设计规范、资源制作规范、平台布局规范与技术服务规范。教学设计规范主要是从在线课程的整体视角规划设计在线课程资源建设的内容与媒体形式等。资源制作规范则是按照导向资源、授课资源、题库资源等，分别制订资源制作的要求。平台布局规范是引领教师将在线课程资源科学布局在学习平台上，使其真正成为一门在线课程。技术服务规范则是对资源建设的技术服务提出具体要求。

最后是要实施严格有序的资源建设验收。资源建设验收是一项系统工程，包括对资源设计的科学性、资源制作的先进性、媒体呈现的适切性、平台部署的合理性等多个方面的评价。每一个方面都会影响到资源建设的最终效果。为此，严格有序的资源建设验收工作是保障资源质量的基本前提，同时，以评促建、以评促改可以促进教师的资源建设水平更上一层楼。

四、推进自建资源开放共享

推动自建资源的社会共享，关键在于开放共享机制的建立。一是要建立开放大学与其他高校、公共服务平台的优质资源共享机制。由于不同教育机构均有其自身的特色优势，建立优质教育资源共享机制可促进彼此之间密切合作，同时促进资源共享以实现优势互补，整体优化终身学习资源的配置。二是要建立开放大学体系的优质资源共享机制。当前，各级开放大学均依托自身的地域或教育特色建设网络学习资源，通过建立优质资源联盟、优质资源有偿或无偿相结合的方式，可促进优质资源的开放共享，同时也能促进优质资源建设的可持续发展。

第七章　服务全民：开放大学的人才培养体系建构

开放大学的人才培养面向全体社会成员，服务全民终身学习，开放大学的人才培养体系应该是开放型的，而且，国家"十四五"规划作出了建设高质量教育体系战略部署，开放大学开展高质量办学、实施高质量教学是其应然之举。为此，应建立优质融通的人才培养体系。

第一节　实施服务全民的完全学分制改革

完全学分制是以课程为中心，以学分为计量，以专业聚类为导向，以促进专业群建设为重点的人才培养模式改革。其意义在于打破专业之间的隔阂，促进宽口径人才培养，实现开放教育与职业教育、学历教育与非学历教育之间的课程互通、教学互通。

一、实施完全学分制的必要性

开放大学推行完全学分制是非常必要的，主要有以下三个方面的原因。

1. 推行完全学分制是顺应政策要求

为深化教育教学改革，教育部在《教育部关于办好开放大学的意见》（教职成〔2016〕2 号）中提出要加快推进学分制改革，完善自主选课制度，满足学生个性化学习需求。2021 年，广东省发展改革委员会、广东省教育厅、广东省财政厅联合发布《广东省普通高等学校学分制收费管理办法（2021 年修订）》（粤发改规〔2021〕10 号），以推动高校的学分制改革，指出学分制收费是指按学生选课修读的学分数计收学费的教育收费管理制度，由学分学费和专业学费两部分组成。

文件中所提到的学分制改革，不同于通常所理解的单纯将课程学时换算成学分的做法，而是要实现自主的选课，需要按照学分制收费，即将学费分成学分学费与专业管理费两部分。这种学分制改革属于完全学分制改革。也只有推行完全学分制，才能实现学习者在开放大学的各类教育中、在各层级的教育中自主选课，满足学习者的个性化学习需求。

2. 推行完全学分制是开放大学自身发展的要求

开放大学以服务全民终身学习为宗旨，为适应面向全体社会成员的开放办学，开放大学的人才培养应该是开放的。这种开放体现在开放教育与职业教育、学历教育与非学历教育之间的相互开放，以及各级各类课程之间的相互开放，最终实现全体社会成员之间无隔阂地学习。也就是说，学习者既可以学习各类学历教育的课程，也可以学习各类非学历教育的课程，学习者在学历教育与非学历教育中参与课程学习所获得的学习成果能够互认互通。为实现这种开放办学，需要推行完全学分制，让学习者能够以学分为度量、以学习成果为基础、以学分银行为纽带，实现学习者学习成果在各类教育中的相互认可与转换。

3. 学年学分制限制开放教育的发展

当前，很多开放大学实施的仍然是学年学分制，学生的学费按年度收取，学费收取没有与所选课程直接挂钩，学生也没有自主选课权限。专业之间相互隔离，课程互通、教学互通的程度并不充分。由于课程学习封闭，难以推广面向社会的开放式学习、终身学习。在学年学分制的模式下，每个专业均有其自身的学费标准。这种学费标准可以是基于课程学分的，也可以是不基于课程学分的。比如计算机应用基础课程，在计算机专业中的学费标准可能是 100 元/学分，而在行政管理专业中的学费标准很可能是 80 元/学分。在这种情况下，如果学习者修读同一门《计算机应用基础》，就会出现课程相同、学费不同的情况。而如果实施"专业管理费＋学分费"分离的完全学分制收费模式，则所有课程的学分费标准都是一致的，学习者可以在不同专业之间修读课程。由此可见，学年学分制不是真正意义的学分制，不能实现专业、课程的学习互通。所以说，学年学分制与开放大学服务全民终身学习的发展定位有很大差距。

二、基于完全学分制的改革举措

推行完全学分制，在人才培养模式方面需要进行以下五个方面的改革。

1. 人才培养方案改革

开放大学应立足完全学分制，实施专业聚类的人才培养方案。人才培养方案改革以专业群为基础，专业群中的每个专业都有必修课和选修课，必修课是每个专业的特有课程，包括专业课与专业基础课。同一专业群共有一个选修课库。选修课的开设可以实现专业群内课程与教学最大程度的共享，同时实现课程与专业之间的松耦合。

2. 选课与缴费方式改革

基于完全学分制改革，所有学习者（包括学历教育与非学历教育）可以自主选课。对于非学历教育的学习者，可以自主选择需要学习的课程，按照学分标准缴纳课程学习费用后即可自主学习；对于学历教育学习者，可以自主选择需要学习的课程，按照学分标准缴纳课程学习费用后，还需缴纳学历教育所特有的专业管理费，两项费用缴纳完成后，即可自主学习。

3. 课程教学改革

基于完全学分制的课程教学将打破专业之间的间隔，会大量出现同一课程有不同专业、不同学院的学习者学习的情况，也会存在开放教育学生与社会学习者在同一门课程中学习的情况。基于完全学分制的课程教学是真正有教无类的教学。

4. 学籍管理改革

基于开放大学服务全民终身学习的定位，开放大学学习者的学籍是终身的。由于实施了终身化的学籍管理，学习者可以在开放大学进行终身学习。为了便于分类管理，非学历教育学习者的学籍管理可以被放置在终身教育学分银行，学历教育学习者的学籍管理可以被放置在开放大学的教学教务管理系统。终身教育学分银行系统与开放大学的教学教务系统应互联互通、数据共享。

5. 学习成果管理改革

基于完全学分制，学历教育与非学历教育的学习者的学习成果是终身有效的。但是学历教育与非学历教育学习者的学习成果可以被分类管理，即学历教育学习者的学习成果被存放在开放大学的教学教务管理系统中，而非学历教育学习者的学习成果则被存储在终身教育学分银行中，学分银行为其建立学籍档案。当非学历教育学习者注册成为学历教育学习者时，其学习成果可以通过学分银行的学习成果转换功能，转换为学历教育的学习成果，在获取专业要求的全部学分后，即可获取学历教育的相关证书。

第二节　推行专业化导向的教学模式改革

一、现有教学模式面临的挑战

（一）层级化教学模式面临的挑战

1. 层级化教学模式内涵

开放大学的层级化教学模式，是指开放大学的教学依托开放大学层级化办学体系的特点，按照层级化分工的模式将开放教育的教学层层分包。以省级开放大学为例，省级开放大学负责开放教育在线课程的资源建设，以及在线教学的总体安排与教学组织。市县一级基层开放大学按照总部的教学安排，安排辅导教师提供在线课程的教学辅导，教学辅导的对象为基层开放大学招收的学生。基层开放大学的学生可以通过网络获得基层开放大学的教学辅导，也可以在基层开放大学的组织下，在其面授课室接受教学辅导或参加其他学习活动。

基层开放大学这种层级化教学模式，是沿袭广播电视大学"自家孩子自家抱"的做法，也与开放大学体系的层级化管理相适应。由于基层开放大学都会有一定数量的专职教师负责教学辅导工作，这种层级化教学模式实现了学习支持服务的本地化，有效地解决了开放教育的师生分离问题，缓解了学生网络学习的孤独感。这种层级化的教学模式，在基层开放大学自身学生不多、教学辅导课程不多的情况下，还能够充分彰显该模式的优势。同时，在层级化教学模式下，如果基层开放大学能够将教师聚焦于某几个专业，就比较容易形成专业教学团队，形成专业教学的核心竞争力。

2. 层级化教学存在的问题

尽管层级化教学模式有其优势，但其也面临着诸多问题。

首先是辅导教师人员配备问题。当前，基层开放大学招生的专业数量普遍较多，但平均每个专业的学生人数偏少，其结果是基层开放大学每学期需要提供动辄上百门课程的教学辅导，一位辅导教师负责的课程往往多达10门以上，而且所承担的课程有时还会跨多个专业，教学辅导质量难以得到保障，教学辅导容易流于形式。比如，某市级开放大学，现有在校生1000人，分布在20个本专科专业中，如果按照每个专业平均16门课程计算，粗略估算其所需承担的教学辅导课程将超过300门，这一巨量课程的教学，不亚于一所小型的普通高等学校，而基层开放大学的师资力量与普通高校相比，则不可同日而语。尽管开放大学可以通过聘任兼职教师的方式弥补师资的不足，但是对于基层开放大学来说仍然是巨大的挑战。该教学点现有专职辅导教师7人，从师生比率看，达到了150∶1，在开放教育的规模化教学来看，师生比率是合适的，但是从在线课程的教学辅导看，如果基层开放大学不聘请兼职教师的话，则每位教师负责的课程数可能要达到30～40门，相当于每位辅导教师平均要负责3个专业的在线课程的教学辅导。在这种情况下，如果要求基层开放大学的教师提供专业化的教学辅导，做到精心指导每一位同学的课程学习，确实有些勉为其难。由此可以看出，层级化教学的"自家孩子自家抱"的模式，容易出现辅导教师的人员配备问题，即基层开放大学在师生比率的指标上看是合适的，但是从辅导教师所承担教学辅导的课程数量来说，又是不合适的。

其次是基层开放大学教师队伍专业结构问题。这种"自家孩子自家抱"的层级化教学模式，对市县基层开放大学教师队伍的专业结构提出了更高的要求。从辅导教师的配备来说，基层开放大学招生多少个专业，就应有与招生专业相匹配的教师队伍。如果该基层开放大学在 20 个专业开展招生，就应有可以胜任 20 个专业教学辅导的教师队伍，假设辅导教师的专业水平很高，能够承担整个专业的课程辅导的话，也应有 20 位类似水平的教师。对于传统的招生人数较多的专业，如行政管理、会计学等，因为有较好的办学收益支撑，基层开放大学可以配备专职或兼职的教师负责教学辅导，但是对于一些新兴的特色专业，如标准化工程、信息安全等，基层开放大学要想聘请到合格的专业教师会较为困难，而且由于学生人数较少，其办学收益也难以支撑聘请专兼职教师的费用。

再次是基层开放大学承担本科层次课程教学辅导的问题。开放教育专科与本科层次的在线课程，在难度和要求上有较大差异，因而其对辅导教师的专业水平和能力也有较大的差异。对于本科层次的在线课程，承担在线课程教学辅导的教师，一般应具有硕士以上相关专业学历才有可能做好教学辅导，自身是本科层次的教师，即使负责本专业的教学辅导也会有较大难度。但是从现实情况看，市县级基层开放大学的专职教师数量本来就较少，与开办专业相匹配的硕士以上学历的辅导教师的数量更少。为此，市县级基层开放大学对于本科层次的教学辅导，从其实际能力看，也是不足的。

最后是基层开放大学辅导教师的稳定性问题。层级化教学模式的顺利实施，还在于总部教师与基层开放大学教师的协同合作，需要基层开放大学的辅导教师能够充分理解总部责任教师、主讲教师的教学意图，能够充分熟悉和理解在线课程的内容，并能充分利用在线课程资源实施教学辅导、组织教学活动。为了保障开放教育的在线教学质量，开放大学成立了由总部教师和基层开放大学教师共同组建了专业教学团队和课程教学团队。因此，教师队伍的相对稳定性显得尤为重要。一方面，尽管基层开放大学教师队伍内的专职教师相对稳定，但是所聘请的兼职教师则难以保持稳定；另一方面，基层开放大学的辅导教师配备往往要根据招生专业进行调配，某个专业一旦停止招生，则原本负责该专业的辅导教师可能会像"救火"一样被调配到其他新的招生专业上，造成了专业教师的不稳定性。这种因为招生专业的不稳定造成的专业教师不稳定的现象，在一定程度上会影响层级化教学的开展。

（二）扁平化教学模式面临的挑战

1. 扁平化教学模式内涵

扁平化教学模式是指开放大学总部（包括国家开放大学和省级开放大学）负责全部在线课程教学工作的组织与管理，基层开放大学的辅导教师由总部根据教师的专业特长进行调配，在辅导教师数量不足时，开放大学总部可以聘请体系外的专业人员或教师作为兼职教师。

扁平化教学属于"大家孩子大家抱"的教学模式。开放大学总部通过建立专业教学团队、课程教学团队，实现课程教学与教学辅导的统筹一体。开放大学总部可以建立各个专业、各门课程的教学辅导团队，以网络平台为依托，实施面向全部学生的教学辅导，从而避免了层级化教学所带来的各自为政、教学辅导力量分散的问题。

基于扁平化教学模式，开放大学总部对于体系内教师具有充分的调配权，能够为各门课程配备足够的教学力量，特别是在各基层开放大学课程参与人数不多，难以配备辅导教师的情况下，其优势更为明显。同时，在开放大学总部的专业教师带领下，基层开放大学的辅导教师也能够通过团队合作、相互学习获得更好的专业化发展。

2. 扁平化教学存在的问题

尽管扁平化教学模式存在诸多优势，但是其同时也存在一些难以调和的问题。

首先是基层开放大学对教师的支配权问题。在扁平化教学模式下，基层开放大学教师在教学周期内主要由开放大学总部进行调配，并进行教学工作安排，这使得基层开放大学对于自身教师的工作安排与调配存在困难，"自己"的教师变得不是"自己"的了。由于基层开放大学都是独立的法人主体，无论哪家大学都不愿意自己的教师被总部长期安排，同时，这种教学模式也使得基层开放大学失去了开放教育的教学支配权，也就难以规划自身教师的专业发展，特别是基层开放大学自身的核心竞争力也随之难以形成。虽然对于教师个人来说，在开放大学总部所组建的教学团队中，自身能够获得较好的专业发展，但这只是个体的发展，对于基层开放大学来说，其自身核心竞争力的形成，在于专业教学团队的打造，而在扁平化教学模式下，专业教学团队的核心是总部的骨干教师，这对于基层开放大学专业教学团队的打造来说并不一定是好事。

其次是总部教师精力分散的问题。在扁平化教学模式下，总部负责全部课程的资源建设与教学工作，会给总部的教师带来巨大的工作压力。在专业课程全面开设、循环运转的情况下，每门课程都需要配备相关的辅导教师。如果开放大学开设 40 个专业，由于每个专业一般都不少于 15 门课程，因此，每学期开课课程一般不会少于 600 门。在这种情况下，为这些专业课程配备足够的、合格的责任教师，对于开放大学总部来说本身就是一个很大的挑战。同时，责任教师还需要负责课程教学的组织、人员的调配和安排、人员的培训与培养等工作，使得总部教师难以有足够的时间和精力投入更为重要的专业建设与学科建设中去。

最后是学费分配问题，当前基层开放大学的学费分配是将教学辅导费用全部拨付基层开放大学，基层开放大学获得的学费分成比例较高。一旦开放大学实施扁平化管理，从事实上说，原本需要拨付给基层开放大学的教学辅导费用就应被划归到总部统筹。这必将降低基层开放大学的学费比例分成，进而影响基层开放大学的经费运转能力。在扁平化模式下，开放大学总部虽然还是会基于基层开放大学在教学辅导工作中的贡献度拨付一定的教学辅导费用，但是这部分费用通常会拨付给基层开放大学的辅导教师，基层开放大学缺乏对该费用的支配权。

二、推行面向体系的专业学院制改革

（一）专业学院制教学模式的内涵

通过对层级化与扁平化教学模式的分析，我们发现两种模式各有优缺点，选择任何一种模式都有其难以克服的问题。为此，我们可以跳出现有的教学模式，实施全新的专业学院制教学模式。

专业学院制教学模式的出发点是促进基层开放大学与开放大学总部的协同发展。在专业教学上分为本科专业和专科专业的教学管理。本科专业的教学管理由开放大学本部实施教学管理，由开放大学总部聘请符合条件的基层开放大学教师或其他高校的教师组建专业和课程教学团队，承担本科层次的教学组织与管理工作，确保本科专业的办学质量。对于专科专业的教学管理，由开放大学总部制定专科专业的专业标准、课程标准，负责专科专业的教师培训，以及教学过程的监管与质量评估，基层开放大学基于自身教学团队申报、承办专科专业，开放大学总部评估基层开放大学的申办条件，根据其教学能力，将合适的专业委托给基层开放大学承办。承办专科专业的基层开放大学类似于一个专业学院，需要承担该专业的资源建设、教学建设以及开放大学体系内该专业中所有学生的教学管理与辅导工作。对于学生人数较少的专业，可以委托某一个基层开放大学办学，比如标准化工程专业；而对于学生人数较多的专业，如会计学专业，则可以委托2～3个基层开放大学承办，采取区域划分与竞争办学模式；而对于一些特色、新型的或需要培育的专业，如果基层开放大学没有能力承办，则开放大学总部可以负责专业教学，待专业教学模式成熟、专业办学渐成规模后，则可委托给基层开放大学。

（二）专业学院制教学模式的优势

专业学院制教学模式作为一种全新的教学模式，也是一种创新型的教学模式，其相对于层级化教学模式和扁平化教学模式来说，具有较明显的优势。

首先是促进基层开放大学的持续成长。基层开放大学通过承办专科专业，可以集中精力打造某些专业的教学团队，形成基层开放大学在当地办学的专业竞争力和教学竞争力，特别是随着基层开放大学教学团队和专业实力的逐步增强，基层开放大学的办学信心也将逐渐增强，即基层开放大学就有能力和精力挖掘地方特色，创办可以体现地方特色的优势专业，逐渐打造自己的品牌，从而能够更好地为当地的社会经济发展提供人才培养服务。

其次是整体提升在线教学专业化水平。专业学院制教学模式可以让基层开放大学将师资集中于特定专科专业，依托自身专业化的教学团队，实施专业化的教学，以保障教学质量。当所有基层开放大学都有自己特有的专业教学团队、有较强的教学水平和能力时，整个开放大学体系的教学水平将会得到大幅度的提升。

再次是提高开放大学的教学管理效率。在专业学院制教学模式下，每一个专业都由对应的机构负责专门的教学实施，而不像层级化教学一样，需要总部和基层开放大学的教师协同开展教学工作。在专业学院制教学模式下，由于专业教学由某一机构专门负责，专业教学的组织与沟通在组织内部进行，从而减少了沟通的成本，教学团队之间也不存在空间距离，教学团队可以随时召开教学会议，开展面对面的教学研讨和任务分工。同时，对于开放大学总部来说，其管理的内容有所减少，开放大学总部只需要以专业为单位管理少量的基层开放大学即可，而不像层级化或扁平化教学模式，需要对每门课程进行组织管理。

复次是开放大学能够集中精力办大事。在专业学院制办学模式下，开放大学总部可以集中精力管理好开放教育本科专业，以保障本科层次的办学质量，还能将原本用于专科专业教学的大部分精力转移到开放教育的专业建设和学科建设上，促进开放教育专业和学科建设水平的提升。同时，开放大学总部还可以进一步布局研究生教育，使得开放大学的办学规模更上一层楼。

最后是整体提升开放大学的办学能力。专业学院制教学模式真正实现了开放大学的体系化办学，能够真正实现开放大学总部与基层开放大学一体化发展，而且也正是"你好、我好、大家好"的办学格局，才能真正形成开放大学共同体，促进开放大学体系的可持续发展。

（三）专业学院制教学模式实施的关键

专业学院制教学模式的实施，关键是要抓好三个方面的工作。

首先是要制订统一的教学标准和指引。特别是专科专业的教学标准和教学指引，以标准规范基层开放大学的教学质量，通过业务指引和业务培训提升基层开放大学的教育教学能力，确保教育教学质量。

其次是引领基层开放大学多元发展。各基层开放大学承担专科专业的教学任务，难免会造成资源重复建设，但是从基层开放大学办学能力提升和多元化发展的角度而言，这种重复是可以被接受的。而且这种重复建设一般只会出现在多个基层开放大学承办同一专业的情况下。这一问题也可以在开放大学总部的统筹协调下，通过建立在线课程资源的共建共享机制得到解决，避免资源重复建设的发生。

最后是以赋权推动教师队伍建设。当前，基层开放大学的教师队伍以及教学实力确实较弱，以当前基层开放大学的教学实力，独立承担专科专业的教学确实存在一定的问题。但是我们不能纠结于"先有鸡还是先有蛋"的问题，不能一味地担心基层开放大学缺乏相应的专业教师，而是要以赋权来推动基层开放大学加大教师队伍的建设力度。当基层开放大学真正发现专业学院制教学模式对自身生存与发展的正向作用时，我们也相信基层开放大学会不遗余力地加强教师队伍建设，继而加强专科专业建设，最终培养自身办学的核心竞争力，促进基层开放大学的可持续发展。

三、实施统分结合的教学模式

统分结合的教学模式是指线上教学基于"全省一盘棋"的理念，实行统一组织、统筹实施，线下教学则基于基层开放大学自身情况和地域特色分别实施。

（一）实施统筹一体的线上教学

对于本科专业，由开放大学总部专门的部门统筹管理线上教学。主要做法如下：总部根据课程性质、课程数量、选课人数等统筹安排线上教学（包括录制视频教学和直播教学）。负责线上教学的教师来自开放大学体系，总部根据基层开放大学选课学生数量、师资力量等综合因素，确定每个基层开放大学或校外教学点应提供的教师数量和基本信息。由总部统一组织线上教学的考评，并作为基层开放大学学费分成的依据之一。

对于专科专业，由开放大学总部授权设置的专业学院（即承接专科专业教学的基层开放大学）统筹管理所授权专业的线上教学。对于尚未建立专业体系的专科专业，由总部统筹管理。

（二）实施层级化、特色化的线下教学

对线下教学采取传统的层级化教学方式，由基层开放大学按照教学管理的要求分类组织。基层开放大学通过线下教学的开展，可以彰显基层开放大学的办学特色，强化实践教学。校外教学点的线下教学则由省级开放大学按规定统一组织实施。

四、推行专业集群导向的教师队伍建设

目前，开放大学体系的教师队伍以辅导教师为主。所辅导的课程多、教学辅导不聚焦，使得基层开放大学教师的专业性不强、专业成长空间小。为此，根据基层开放大学的意愿、专业、特色、师资等综合情况，统筹以专业集群导向，为各基层开放大学建设专业化、特色化教学团队，即以专业集群为导向，每所基层开放大学都聚焦于培养特色专业或者优质专业的教学辅导团队，该团队与开放大学总部对应的专业教学团队共同开展专业教学，以促进基层开放大学教师的专业发展。

五、推进智慧引领的数字化教学改革

我们身处数字化时代，关键是要利用数字化技术，推进教育教学改革，促进办学质量的提升。所谓数字化是以数据赋能为核心的 IT 应用，重在通过数字资产化形成数字资产，基于数字资产推进教育教学模式改革。数字化强调数字化转型与创新，重在推进教育教学模式改革。数字化驱动的模式改革不仅包含流程的再造，而且包含要素的重构、运行机制的改变。对于开放大学来说，要推动数字化驱动的开放教育教学模式改革。这不仅关乎学习平台与教学教务系统等功能的优化以及数据的融通，更关乎基于数据赋能的教与学、师与生关系的变化、资源供给与服务方式的改变，从而体系化地创新教育教学模式，提升教育教学质量。

开放大学依托日益先进的互联网，实施时时处处的在线教学。由于在

线教学能够实施跨越时空的教学，能够让学习者不脱岗、不脱产地参加学习，使得学习者的学习非常便利，从而吸引了大量的学习者选择开放教育的学习。为推进开放大学的教学改革，可以从四个方面展开工作。一是要持续推进现代信息技术与教育教学深度融合，构建"互联网＋""VR/AR＋"教育新形态，总结、推广疫情防控常态化时期的线上教育经验，实施线上线下融合教学模式改革。二是要充分利用现代信息技术，特别是大数据与人工智能技术的应用，强化在线教学系统建设，促进在线教学系统的智慧化，通过智慧化的大数据分析，为教师教学提供精准的教学分析，使得教师能够更高效、更精准地实施在线教学。三是要充分利用人工智能技术，推进智能导师、智能助理等的开发应用，减轻教师的教学工作量，从而更好地提供时时处处的支持服务。四是要充分利用智能推送技术实现对学习者学习资源的智能推送，从而提高学习者的学习效率和学习效果。

六、推行数据赋能的"三全育人"教学评价改革

（一）实施全覆盖的"三全育人"教学评价

开放大学的体系化办学使得开放大学的教师规模分布广泛，国家开放大学的教师规模分布在全国各地，省级开放大学则分布在省域范围内，同时，开放大学的教师分工细致，教师类型较多，包括责任教师、主讲教师、辅导教师以及导修教师等。开放大学的高质量办学需要全面推行"全员、全过程、全方位"的"三全育人"教学评价，以评促建，促进实施高质量的开放教育办学。

推进开放教育的"三全育人"教学评价，就是要让教学评价覆盖开放教育的各类教师、学习者，面向开放教育教与学的全过程，开展价值塑造、知识传授和能力培养等层面的全方位评价，主要包括以下三个方面。

1. 开展面向全员的教学评价

首先是开展面向教师的教学评价，强化教学过程评价，开展数据支持的教学过程巡学，实施涵盖教师教学过程、教学态度与教学成效等的数据评价。开放大学通过数据赋能，充分发挥教学评价对教师教学的诊断、调

整、激励和改进作用。

其次是开展面向学生的学习评价，强化学习过程评价。开放大学将学生的学习平台登录、学习活动参与、网络课件学习等行为纳入评价范围，实施对学生持续、动态的学习评价。开放大学通过数据赋能，对学生的学习过程进行多元多维的数据分析，全面了解学生的学习行为和学习过程，促进学习者的个性化学习。

最后是开展面向管理者的教学评价。开放大学通过评价教学管理的政策制度的建设能力、执行能力、监督能力、服务能力等，促进管理者教学管理能力的提升，进而提升教学管理的质量。

2. 开展覆盖教学全过程的评价

教学评价要涵盖在线课程的设计评价、资源建设评价、平台部署评价、教学组织评价，以及课程的导学、助学、促学、督学评价等。

3. 开展全方位的教学评价

全方位的教学评价就是要改变检测学生知识掌握程度的单一的考核评价方式，需要从知识传授、能力培养与价值塑造等多个维度开展教学评价。

（二）实施数据赋能的教学评价

我们身处数字化时代，充分利用大数据、人工智能技术赋能开放教育教学，能够为开放大学的教学决策提供强有力的数据支撑。

基于教学评价改革，以在线课程为基点，充分调研教学评价的维度与教学评价决策的数据需求，利用数据挖掘与大数据分析技术，建构教学决策数据中心，数据中心包含开放教育中各类有关教学决策的数据，通过关联分析，形成教学数据驾驶舱与教学数据画像，为开放教育的教学决策提供全方位的数据支撑，同时为开放教育实施精准化、个性化教学。

第三节　建立和而不同的质量标准

作为我国高等教育的有机构成，开放教育为高等教育毛入学率的提升、高等教育的普及做出了巨大的贡献。党的十九届五中全会审议通过的《中共中央关于制定国民经济和社会发展第十四个五年规划和二〇三五年远景目标的建议》明确提出，建设高质量教育体系，提高高等教育质量。顺应国家发展大势，我国开放大学的办学定位应从"有学上"向"上好学"转型，助力高质量继续教育体系的建构，为社会提供高质量的开放教育。

质量是高校的生命线，其标准是引领开放教育高质量办学的基本保障。对于开放大学来说，基于自身的品牌及社会声誉，如何提升和保障开放大学的办学质量显得尤为重要。建立开放教育的质量标准，可以为开放大学的办学提供一个标杆，让开放大学的办学能够有章可循、有据可依。

一、两种质量标准观

当前，对于开放教育的办学质量有两种不同的质量标准观。一种是"质量同一"的质量标准观，另一种是"质量另立"的质量标准观。

（一）"质量同一"观

1. "质量同一"观的内涵

"质量同一"的质量标准观是指高等教育中同层次的相同专业应遵循相同的质量标准。"质量同一"实质上有两个层面的内涵，一是指不同教育类型的同层次、同专业的质量要求同一，比如相同层次、相同专业的普通教育、职业教育与继续教育要求同一的质量标准，这里包括不同高校的同层次、同类专业的质量要求同一，以及同一高校中不同教育类型的同层次、同类专业的质量要求同一；二是指在同一教育类型中不同办学形式的

111

质量标准同一，如在继续教育中，不论是网络教育、开放教育，还是夜大学，同类专业的学历继续教育办学质量应该相同。在第二种情况中，对于同类型教育，其面向的对象群体相近，要求质量同一有其应然性。本章主要讨论不同教育类型的质量同一性问题。

根据张伟远等（2018）的研究，英国开放大学、美国凤凰城大学、香港公开大学等六所开放大学都遵循本国和地区统一的高等教育质量标准，并接受第三方质量保证机构的评估。2018年，教育部发布了我国首个高等教育教学质量国家标准《普通高等学校本科专业类教学质量国家标准》。这标志着我国高等教育的发展已经进入提高质量、发展内涵的新阶段，同时也为建立统一的质量标准提供了基础和条件。2019年，教育部在《关于服务全民终身学习 促进现代远程教育试点高校网络教育高质量发展有关工作的通知》中提出："推动网络教育毕业生达到相当于本校全日制同类专业的水平。"可见，教育行政部门对于网络教育办学质量的导向是"同校同质"的"质量同一"观。

2. "质量同一"观的合理性视角

从教学的视角看，或者从应然性视角看，普通学历教育与学历继续教育"质量同一"有合理的一面。其合理性主要体现在以下四点。

（1）发展历程的承袭性：学历继续教育最早起始于函授教育，其脱胎于学历教育，是服务于校外学生的学历教育。学历继续教育之初，采用的就是普通学历教育的教学体系、课程体系以及教学师资，普通继续教育也被称为学历补偿教育，作为对高校普通学历教育供给不足的一种补偿。因此，从学历继续教育与普通学历教育的渊源看，两者是不可分割的，学历继续教育承袭了普通学历教育的教学体系与教学模式。也正因为如此，学历继续教育虽然长期以来试图摆脱普通学历教育，建立适合成人特色的学历教育体系，但是收效甚微。

（2）教学体系的一体性：学历继续教育与普通学历教育教学体系均以专业为基点，以课程为基本单元。每个专业都有专门、系统的专业培养计划，有体系完整的专业课程。两者都很重视知识传授的系统性与完整性，两者的教学体系建构均是一种自上而下的、预置性的、相对稳定的教学体系，一般不会基于学习者个性化的需求进行调整。

（3）教学组织的严谨性：学历继续教育与普通学历教育具有相似的教学组织流程和环节，课程教学一般会持续一个学期，同时教学环节也相对较多，如授课环节、作业环节、活动环节、考试环节等，两种教育均特别重视考试环节。

（4）教学规律的类似性：基于学历继续教育与普通学历教育在课程体系、教学组织、教学方式、教学质量等方面要求的相似性，学历继续教育与普通学历教育在教学规律的遵循上也更为相似，包括教学论、课程论、学习理论等。（曾祥跃，2017）

由此可见，学历继续教育与普通学历教育有着诸多的同一性与相似性。随着信息技术的快速发展、终身学习的普及、国家资历框架体系的形成，高校迟早会打破自身的"围墙"，面向社会开放普通学历教育，也将逐渐实现普通学历教育与学历继续教育的一体化。从这样的视角来看，高校秉持普通学历教育与学历继续教育的"质量同一"有一定的合理性。同时，实现各类教育"质量同一"的优势是显而易见的，其能够很轻松地实现各类教育的融合，各类教育的学习成果的互认与转换，从而能够在资历框架体系的引领下促进各类教育的融通，也促进终身教育体系的形成。

3."质量同一"观的非合理性视角

从现实情况来看，学历继续教育与普通学历教育的"质量同一"确实存在非合理的因素。

（1）学习者群体与培养目标差异大。由于不同教育类型具有不同的教育对象，不同的目标群体应该有不同的培养目标与价值取向。比如普通高校，特别是高水平研究型大学，主要培养学术性人才，在专业课上应有相对深奥的、研究性的教学内容，毕业论文的学术要求也应更高。而对于职业教育学生，其主要目标是帮助学习者掌握专业技能，为学习者的就业提供服务，属于职前教育，职业与岗位技能、基本的职业操守与职业道德更为重要。而对于开放教育，主要面向在职人员，在职人员已经有了相对较好的职业技能和岗位能力，专业课的设置更多在于应用性技能、提升性技能的培养，或者说高阶性的职业技能的培养。

（2）不同类型学习者的基础不同。当前，学历继续教育实施"宽进严出"的教育制度，由于继续教育自负盈亏的办学制度，高校学历继续教育的入学口径普遍放得过宽，以致学历继续教育学习者的知识基础普遍较薄弱，造成高校普通学历教育学习者与学历继续教育学习者的知识基础差异较大，特别是对于一流高校来说，更是如此。同样，高职教育的学生的基础也与普通教育的学生的基础差异较大。在学制基本一致的情况下，要求不同类型学习者达到同一的质量标准，存在很大的挑战。

（二）"质量另立"观

1. "质量另立"观的内涵

"质量另立"是指充分考虑开放教育面向在职人员的特点，主张建立专门的、与普通教育并行的开放教育质量标准。例如，叶宏（2019）认为开放大学作为服务全民终身学习的新型高等学校，必须根据自身的办学特色，建立一个适切、适需的开放大学专业、课程等教学质量标准，要以"内化性、体系化、可执行"作为教学质量标准体系的价值取向和基本原则。国兆亮（2020）则提出建立开放大学质量标准的四个基本原则：以国家对开放大学办学基本要求为依据，以国际远程开放教育的质量标准为借鉴，以国内开放大学质量标准实践为基础，以促进开放大学学生发展为目的。建立专门的质量标准能够充分体现开放教育的办学特点与质量观。

2. "质量另立"观存在的问题

质量另立，就是质量标准另立，也预示着专业设置、课程设置、教学实施与教学评价的另立，质量另立是另立门户。对于同一层次的各类教育，虽然各类教育的对象有差别，培养的方向也有差别，但是将各类教育质量明显分开，造成"井水不犯河水"的情况也有不妥。同时在倡导教育融通、学习成果互换的今天，如果各类教育标准不同且相互隔离，显然不符合时代发展的要求。为此，单纯强调各类教育的异质性，而另立质量是值得商榷的观点。

同样，对于开放教育，不能标新立异、另立质量，而应兼顾其与其他教育的共性与个性，实现质量同一与质量另立的统一。

二、建立"和而不同"的质量标准

质量同一的标准体现了各类教育的共性，而质量另立的标准则体现了各类教育的个性。对于各类教育办学质量标准的订立，应该坚持共性与个性的兼顾，既要充分考虑各类教育的共性，在各类教育的共性上实现质量要求的同一，同时又要考虑各类教育的个性，促进各类教育的个性化发展。比如，促进职业教育学生的职业化、技能化发展，普通教育学生的综合性、学术化发展。

为此，各类教育的质量应该是基本质量与专向质量的统一，即不同教育类型的办学质量应保持基本质量的同一，也就是说，对于各类教育，公共基础课与专业基础课的课程设置与质量要求应同一，各类教育应在这些方面有一个基本的质量要求；在专业课与专业选修课上，则应基于各类教育的特点，彰显各自的优势，设置专门质量要求。

对于基本质量，国家应建立统一的质量标准。在人才培养方案中，主要表现为公共基础课与专业基础课的基本一致。在质量标准的制定上。2018年1月，教育部发布了《普通高等学校本科专业类教学质量国家标准》，涵盖了普通高校本科专业目录中全部92个本科专业类、587个专业，涉及全国高校5.6万多个专业点，是我国发布的第一个高等教育教学质量国家标准。

对于专向质量，其是建立在基本质量标准之上的可以体现各类教育特色的质量。如普通高等教育应体现学术型人才培养特点，职业教育应体现技能型人才培养的特点，而开放教育应体现应用型人才培养的特点。在人才培养方案中，要表现为专业课设置的差异性，即同层次各类教育的专业课的设置，可以百花齐放、百家争鸣。

开放教育的专向质量应基于开放教育的特点进行专门设置，建立专门的专业和课程标准。特别是要基于在线教学和在线学习的特点，结合开放教育以在职学习者为主的特点，设定合适的教学标准与质量标准，使开放教育的专门质量能够体现开放教育的特点，体现在职学习者的学习需求特点。

第四节　建构开放大学的质量体系

办学质量是开放大学发展之归宿，其以质量保障体系的建构为统领，牢固树立"质量是生命线"意识，健全质量标准制度体系，完善质量督导及多元评价评估机制，全面提升办学质量，涵盖资源质量、师资质量、教学质量、服务质量与管理质量等方面。

由于历史的原因，开放大学的办学质量尚有很大的提升空间，开放大学的社会声誉与品牌需要通过办学质量的提升来加强与维护。因此，开放大学提升办学质量，相较于其他高校显得更为重要。

一、保障入学质量

开放大学基于"宽进严出"的政策实施开放教育办学，开放大学办学做到"宽进"很容易，但是要做到"严出"其实并不容易。开放大学首先要摆正自身办学的价值取向，办学不应以追求经济效益、扩大办学规模为目标，而应以服务社会、为社会培养适合高校自身品牌声誉的人才为目标。其次在招生入学时，不应是无限度、无底线的"宽进"，而应是适可而止的"宽进"，开放教育学习者的知识基础可以低于普通学历教育学习者，但是不宜低得太多，以保障相同学历层次学习者水平相对一致。

二、提升师资水平

在开放大学体系化办学中，各类教师明确的职责分工使得教师各司其职，各类教师只有相互配合、团队化作业，才能做好教学工作，才能促进开放大学的可持续发展。开放大学应采取引育并举的方式，实施"强师工程"，建设高水平教学团队，建设一支适应学校事业发展、符合开放教育及职业教育特点、擅长运用信息技术教学的专兼职结合的教师队伍。充分利用人才引进政策，按照学科专业建设的需要精准引进紧缺型领军人才。完善人才成长保障机制，形成合理的队伍梯队，引培一批综合素质优秀的中青年骨干教师，积极参加国家级和省级的各类人才计划，以校级名师等为抓手引导教师分类发展。开放大学通过组建团队等方式发挥全省开放大学体系师资合力，强化开放教育课程建设、课程教学，不断优化课程辅导、学生学习支持服务。

三、提升资源质量

开放大学应以优质资源建设为导向，通过自建优质资源、引进社会优质资源并举的方式，大幅度提升自身在线课程的资源质量。开放大学一定要走出自我封闭、自我建设的老路，要充分利用社会优质资源，特别是名校优质资源，通过个性化的优化与改造，变成适应自身学习者的在线课程资源。

四、保障教学质量

教学质量的提升应以"大教学体系"为目标，兼顾各类教育项目的个性，整合各类教育项目的共性，实现各类课程资源、教学师资、教学数据的融通共享，逐步推广以课程为单元的一体化的教学设计、组织、实施和评价。一是在专业建设上，要建设一批国家级、省级的品牌专业、精品专业、特色专业；同时组织建设特色专业、优势专业的资源库。二是在课程建设上，要建设一批开放教育、职业教育的精品网络课程。三是在师资建设上，要培养一批拥有教学成果、教学竞赛成果的老师以及国家级或省级教学名师。

五、提高服务质量

充分发挥开放大学的体系办学优势，将支持服务质量打造成为开放大学的核心竞争力之一，通过强化一体化的管理，完善支持服务流程、环

117

节，优化支持服务手段，打造开放大学支持服务品牌。

　　开放大学经过多年在开放教育领域的耕耘，基本建立起质量保障体系。当前的关键是要优化与完善质量保障制度，强化质量保障环节，特别是要加强教学过程的监管监控，强化形成性考核，让开放教育真正有过程、有质量，同时要加强开放教育的总结性评价，保障好考试监控关，确保教学质量。

六、提升管理质量

　　管理质量的提升需要围绕教育教学管理建立健全教学管理制度，其中的关键是要建立专业化的管理队伍。探索推动管理队伍专业化与职业化，科学设岗，拓宽管理队伍成长渠道。注重年轻干部培养选拔，逐步形成老中青分布合理的梯次配备。完善干部选拔任用机制，落实好干部标准，扭转"唯名校""唯学历"的用人导向。完善干部考核评价制度，强化以绩效为导向的考核激励机制，为干部干事创业提供良好环境。

第八章　职继融通：开放教育与职业教育的一体化布局

第一节　职继融通概述

一、职继融通的内涵

职继融通是指职业教育与继续教育的融合互通。开放大学立足于学历继续教育与非学历继续教育办学，服务全民终身学习，是我国继续教育办学的核心构成。开放教育以在职人员为主要对象，是继续教育的主要办学形式。开放教育与职业教育的融通是职继融通的主要内容。

职业教育是指为了培养高素质技术技能人才，使受教育者具备从事某种职业或者实现职业发展所需要的职业道德、科学文化与专业知识、技术技能等职业综合素质和行动能力而实施的教育，包括职业学校教育和职业培训。开放教育以在职人员为主体，以服务在职人员职业能力提升为主要教育内容。开放教育包含职前教育内容，也包含职中、职后教育内容。职业教育与开放教育具有良好的融合基础，也具有重要的融合意义。

开放教育与职业教育之间的融通主要包括四个方面，即资源融通、教学融通、师生融通与成果融通。一是资源融通，指开放教育与职业教育的各类学习资源融通，包括线上各类学习资源的融通、线下各类学习资源的融通以及线上与线下的学习资源融通，为实现各类学习资源的相互融通。

二是教学融通，指开放教育与职业教育在教学上进行全方位融通，包括开放教育与职业教育各自内部的教学融通，以及开放教育与职业教育相互之间的融通。三是师生融通，包括开放教育与职业教育教师之间、学习者之间，以及师生之间的融通，可以通过建构教师共同体、学生共同体以及学习共同体实现三类融通。四是成果融通，指通过终身教育学分银行，实现开放教育与职业教育之间的学习成果互通、互换。

二、职继融通的基础

在开放大学体系内，开放教育与职业教育并存，实施"两校一体"办学模式的开放大学较为普遍。所谓"两校一体"是指开放大学与职业院校基于"两块牌子、一套人马"管理体制所采取的一体化办学模式。例如，广东开放大学与广东理工职业学院，前者是教育部批准成立的具有独立办学权的省属本科高校，其采取开放教育模式开展本科与专科教育，并具有学士学位授予权；后者是广东开放大学（原广东广播电视大学）创办的省属高职院校，具有其他普通高职院校一样的权利与义务，两所高校均采取"两校一体"办学模式。"两校一体"是我国高等教育办学模式在改革和发展中出现的新变化，目前我国共有16所开放大学（广播电视大学）与高职院校采取"两校一体"办学模式，详细情况见表8-1。

表8-1　开放教育领域"两校一体"办学模式高校情况表

序号	"两校一体"高校名单	序号	"两校一体"高校名单
1	广东开放大学/广东理工职业学院	9	重庆广播电视大学/重庆工商职业学院
2	江苏开放大学/江苏城市职业学院	10	宁夏广播电视大学/宁夏职业技术学院
3	云南开放大学/云南国防工业职业技术学院	11	贵州广播电视大学/贵州职业技术学院

续表 8 - 1

序号	"两校一体"高校名单	序号	"两校一体"高校名单
4	湖南广播电视大学/湖南网络工程职业学院	12	江西广播电视大学/江西工程职业学院
5	河南广播电视大学/郑州信息科技职业学院	13	湖北广播电视大学/湖北科技职业学院
6	辽宁广播电视大学/辽宁装备制造职业技术学院	14	厦门广播电视大学/厦门城市职业学院
7	哈尔滨广播电视大学/哈尔滨科技职业技术学院	15	黑龙江广播电视大学/黑龙江粮食职业学院
8	武汉广播电视大学/武汉软件工程职业技术学院	16	四川广播电视大学/四川华新现代职业学院

开放大学与职业院校均采取"两校一体"办学模式，为实施职继融通奠定了良好的基础。

三、职继融通的意义

职业教育与开放教育作为独立的教育类型，虽然在教育政策、体制机制、教育方式方法、教学组织实施等方面存在较大差异，但是两者之间也有很强的互补性，相互之间的沟通衔接能够促进优势互补、协同发展。职继融通的意义主要体现在以下四个方面。

（一）开放教育助力职业教育的人才培养

1. 加快职业教育社会化进程

"黄炎培强调职业教育办学必须以社会化为指导，社会化这一特征贯穿于他的职业教育思想体系中。"（李梦卿 等，2016）职业教育社会化是职业教育的本质属性与内在需求。职业教育的社会化要求职业教育开放办学，职业教育也一直在开放的路上蹒跚前行。"无视经济社会发展对职业教育人才的需求，坚持关门办学，以不变应万变，以日渐陈旧的技术、技能、教学方法、教学观念来办学。这种做法非但对学生不负责，也是对社会不负责的表现。"（喻忠恩，2017）

开放教育作为面向全体社会成员开展学历教育与非学历教育的教育类型，其与社会的距离最短、关系最近，是社会化程度最高、开放性最强的一种教育类型。开放教育的社会化体现在教育对象、教育目标、教学内容、教学空间以及教学师资的社会化。充分利用开放教育的网络教学模式，借鉴开放教育的社会化方式，可以延伸职业教育的教师空间、教学空间、学生空间，进一步促进职业教育与社会的深度融合，加快职业教育的社会化进程。

2. 提升职业教育信息化水平

相对于开放教育，职业教育的信息化进程相对缓慢，信息化教学能力相对较弱。《教育信息化十年发展规划（2011—2020年）》指出，"职业教育信息化是培养高素质劳动者和技能型人才的重要支撑，是教育信息化需要着重加强的薄弱环节"。《现代职业教育体系建设规划（2014—2020年）》提出，要"将信息化作为现代职业教育体系建设的基础，实现'宽带网络校校通''优质资源班班通''网络学习空间人人通'"。

开放教育作为主要通过网络教学实施人才培养的一种教育类型，教育教学信息化是其传统优势。充分利用开放教育的信息化教学优势，全面推进职业教育的信息化教学、信息化科研以及网络化学习，可以提升职业教育的信息化水平。

3. 开放教育助力终身职业技能培训体系建构

2018年5月8日，国务院印发了《国务院关于推行终身职业技能培训制度的意见》（国发〔2018〕11号）。该文件提出了两点意见。一是要建立并推行覆盖城乡全体劳动者、贯穿劳动者学习工作终身、适应就业创业和人才成长需要以及经济社会发展需求的终身职业技能培训制度。二是要构建终身职业技能培训体系，建设内容包括完善终身职业技能培训政策和组织实施体系，广泛开展就业技能培训，全面加强企业职工岗位技能提升培训，着力加强高技能人才培训，大力推进创业创新培训，强化工匠精神和职业素质培育等。

2019 年 5 月 18 日，国务院办公厅印发了《职业技能提升行动方案（2019—2021 年）》，再次提出要大力推行终身职业技能培训制度，面向职工、就业重点群体、建档立卡的贫困劳动力等城乡各类劳动者，大规模开展职业技能培训，加快建设知识型、技能型、创新型劳动者大军。

终身职业技能培训体系与培训制度的建设，体现了职业教育学习者终身学习的需求。开放大学作为服务全民终身学习的核心力量，服务终身职业技能培训体系建设有其应然性。开放大学的开放教育与职业教育的沟通衔接，可以实现两者的优势互补。开放大学的开放教育在在线教学、终身学习平台建设、在线学习资源建设等方面具有先天优势，可以助力终身职业技能培训体系的建设，同时开放教育以在职学习者为主体，其教育对象就是终身职业技能的学习者。

4. 开放教育助力面向乡村的农民教育培训

面向乡村开展农民教育培训一直是乡村振兴的重要战略举措，是提升农民素质和技能的重要途径。

2019 年 1 月 9 日，人力资源和社会保障部印发了《新生代农民工职业技能提升计划（2019—2022 年）》（人社部发〔2019〕5 号），提出要帮助农民工特别是新生代农民工增加受教育培训机会，提高专业技能和胜任岗位能力，将其培养成为高素质技能劳动者和稳定就业的产业工人。

2019 年 5 月 22 日，农业农村部发布了《农业农村部办公厅关于做好2019 年农民教育培训工作的通知》（农办科〔2019〕26 号），提出要着力强化三方面的人才支撑：①助力产业扶贫，围绕贫困地区脱贫产业发展，面向贫困户开展培训；②推动农业结构调整，围绕重点产业开展培训，促进种植结构优化；③提升乡村产业水平，结合"一村一品、一乡一业"等重点工作和领域开展教育培训，推进分类、分层、分模块培训，明确重点培训对象，按需实施精准培训，加快建立开放教育培训体系，推进线上线下融合培训。

2019 年 6 月 14 日，农业农村部、教育部联合发布了《农业农村部办公厅 教育部办公厅关于做好高职扩招培养高素质农民有关工作的通知》（农办科〔2019〕24 号）提出"在全面完成 2019 年高职扩招培养高素质农民任务，在此基础上经过 5 年的努力，培养 100 万名接受学历职业教育、具备市场开拓意识、能推动农业农村发展、带领农民增收致富的高素质农民"。

2020 年 5 月 29 日，《农业农村部办公厅关于做好 2020 年高素质农民培育工作的通知》要求，深入推进农民教育培训提质增效三年行动，培育经营管理型、专业生产型、技能服务型高素质农民 100 万人；分类培育现代农业带头人；推动农民学历教育提质增效；深入实施"双百计划"，推进 100 万乡村振兴带头人培育，打造 100 所人才培养优质学校；健全完善教育培训体系；统筹用好各类教育培训资源；依托涉农职业院校，围绕地方现代农业发展和全产业链需要，广泛培育高水平高素质技术技能人才。

开展面向乡村、面向农民的教育培训，开放大学有其自身的体系优势。依托开放大学深入乡村的办学体系，可以实现面向农民教育培训的"送教上门"。依托开放教育的在线教学、在线学习平台以及在线学习资源，可以为农民教育培训提供更为丰富的资源、更为便捷的培训方式。

（二）职业教育助力开放教育的人才培养

开放教育以在职人员为主要对象，面向在职人员开设更多、更好的职业教育类专业和课程，培养更多技术技能型人才有其必要性和应然性。然而，由于开放教育教学方式的局限性、实验实训等资源的有限性，以及教师技术技能与教学能力的不足，使得开放教育难以在技术技能型人才培养方面大有作为。

在线下实验实训等资源条件不足的情况下，徐励等（2007）认为"充分利用现代信息技术，将职业教育的实训内容与实训过程数字化，可以让学生不受时间和学校条件的限制，反复学习，反复模拟训练和实践。职业教育实训内容数字化，能够对实训内容的工作过程（或工作原理）进行可控分解、慢速运行和定格等"。同时，对于开放教育来说，"整合各类优质虚拟仿真实验教学资源，建设集远程实验学习、远程实验指导、远程实验教学管理于一体，适合开放教育学生远程实践学习的远程开放虚拟仿真实验教学中心，成为开放教育的重要选择"（齐幼菊，2016）。显然，借力职业教育可以增强开放教育的技术、技能教学能力。

（三）共同推进复合型技术技能人才培养

职业教育的技术技能型人才培养是其固有优势，然而在人文素质的培养方面相对较弱，主要表现为文、史、哲方面的人文知识匮乏，学生对社会历史和现实人生缺乏深入的认识和思考（罗三桂 等，2017）。对于职业教育，利用开放教育资源以及社会上的网络开放资源，开设网络通识课程和素质拓展课程，可以促进职业教育学生人文素养的提升，促进宽口径、高素养的复合型技术技能人才培养。反之，对于开放教育亦然。

（四）促进开放教育与职业教育院校的互补发展

开放大学与高职院校正面临着生存发展的难题。对于开放大学来说，由于转型前的广播电视大学在师资、资源、科研、基础设施等方面基础薄弱，要在短期内实现质量、品牌、声誉的大幅度提升难度极高。同时，开放大学还处于试点阶段，如果开放大学没能在试点期内办出特色、办出质量，则开放大学的生存堪忧。从外部环境看，开放大学最直接的竞争对手是普通高校的网络教育学院，后者的优质师资、优质教学资源以及良好的学校品牌都是开放大学难以匹敌的；对于依托开放大学（原广播电视大学）所建立的高职院校来说，也存在基础弱、底子薄、起步晚等问题，相对于其他历史悠久、实力雄厚的高职院校来说，往往处于劣势。开放大学与高职院校都需要改变自身的生存状态，在人力、物力和财力有限的情况下，实现两者的可持续发展面临很多挑战。

从广东理工职业学院与广东开放大学的实践情况看，在广东理工职业学院成立之初（2005 年），广东开放大学与广东理工职业学院采取的就是这种融合模式，但是因为两者有太多的差异性，两校于 2008 年便采取了独立的教学运行模式，由两个相对独立的教务处分别负责开放教育与高职教育的教学运行与管理。然而这种独立运作模式也使得两校未做到优势互补。为此，广东开放大学于 2018 年继续实施开放教育与职业教育融通的"两校一体"办学模式，并通过体制机制的不断优化与完善，取得了较好的成绩。

四、职继融通的挑战

职继融通的意义是重大的，然而，在推行职继融通的同时，也要充分认识到开放教育与职业教育融通所面临的诸多问题，主要包括三个方面。

（一）政策隔离的问题

开放教育与高职教育属于不同类型的教育，归属于不同管理部门，两者在管理体制与管理政策上存在隔离，具体表现在管理政策、人才培养、教学实施、教师队伍建设等方面差异较大。比如，《国家职业教育改革实施方案》要求，"职业院校实践性教学课时原则上占总课时一半以上，顶岗实习时间一般为6个月。'双师型'教师（同时具备理论教学和实践教学能力的教师）占专业课教师总数超过一半"。对于开放教育来说，《教育部关于办好开放大学的意见》要求，"围绕课程建设和学生自主学习，加快建成一支适应开放教育特点、擅长运用信息技术教学的专兼职结合教师队伍。……重点在课程设计、资源开发、软件开发、学习咨询、教学组织、学习引导等方面，建设专职教师队伍"。可见，两者在教育教学和教师队伍建设的要求上存在显著差异。

（二）价值认同的问题

开放大学与高职院校在价值认同上存在较大差异。对于开放大学来说，通过开展开放教育促进教育公平，是开放大学的最大价值所在，其价值取向更多是一种教育公平观，追求教育公平、实现教育大众化是其固有义务。规模化教学是其重要特征，也是其软肋，因为教学的规模化容易导致教育质量相对较低。高职院校的人才培养以技术技能为核心，其"理实一体""校企合作""面授教学""实践教学"四大本质特征体现了高职院校的务实精神。对于高职教育来说，实用性十分重要，学生能够实实在在地学到知识、技术、技能是其本质追求。因此，高职院校的价值观更注重教育质量。

（三）教学实施的问题

开放大学面向在业余时间学习的在职学生，其教学形式以线上教学为主、面授教学为辅。高职院校面向全日制学习的在校学生，其教学形式以课堂面授教学为主、线上教学为辅。两类教育在教学时空上是显著不同的，在教学手段上是相对独立的。为此，两类教育在教学组织上的一体化也面临一定的困难。

通过前面的论述，我们知道，开放教育与职业教育实施职继融通，既有重要的价值与意义，也面临较大的挑战。基于两者融合的重要意义，我们应该建构人才培养的"立交桥"，促进开放教育与职业教育全方位的互联互通。基于两者融合所面临的挑战，我们应该建构命运共同体。

第二节　搭建职继融通的人才培养"立交桥"

促进各级各类教育沟通衔接，搭建人才培养"立交桥"，是我国终身教育体系建构的必由之路。《国家中长期教育改革和发展规划纲要（2010—2020 年）》提出"搭建终身学习'立交桥'促进各级各类教育纵向衔接、横向沟通"[①]。《教育信息化 2.0 行动计划》提出"加快实现各级各类教育纵向衔接、横向互通"[②]。《中国教育现代化 2035》中提到"更加注重融合发展，更加注重共建共享"[③]。这些也是对各级各类教育沟通衔接、融合发展的要求。

---

① 《国家中长期教育改革和发展规划纲要（2010—2020 年）》，见中央政府门户网站（http://old. moe. gov. cn/publicfiles/business/htmlfiles/moe/info_list/201407/xxgk_171904. html）。

② 中华人民共和国教育部：《教育信息化 2.0 行动计划》，见中华人民共和国教育部网站（http://www. moe. gov. cn/srcsite/A16/s3342/201804/t20180425_334188. html）。

③ 中共中央、国务院：《中国教育现代化 2035》，见中央政府门户网站（http://www. moe. gov. cn/jyb_xwfb/s6052/moe_838/201902/t20190223_370857. html）。

一、职继融通"立交桥"的内涵

立交桥是联结各条道路之间的枢纽，是各条道路发生关联的结点，建设立交桥可以增加更多的通行渠道，提高道路的通行能力，但是并不改变原有道路的通行。

职业教育与开放教育沟通衔接采取"立交桥"模式，一是可以规避两类教育由不同政策要求所带来的不必要的混乱，因为"立交桥"的建构并不会改变原有办学模式与办学路径，职业教育与开放教育仍然可以依据各自的政策要求和教学规范开展人才培养工作。二是两者同样可以实现人才培养的无缝衔接，开辟更多的人才培养通道，实现教师、学生、资源的沟通衔接，促进两者的协同发展。"立交桥"模式不仅适合"两校一体"高校内部的职业教育与开放教育沟通衔接，也适合独立运行的职业院校与开放大学之间的沟通衔接。通过建构职业教育与开放教育人才培养"立交桥"，可以规避两类教育的"门户"之隔，实现两者的沟通衔接。可以说，"立交桥"模式是实现两者沟通衔接的应然之选。

正是充分认识到开放教育与职业教育沟通衔接的互补优势，广东理工职业学院与广东开放大学于2018年年底完成了两校的院系合并、教务处合并，旨在通过一体化的运行管理实现优势互补，促进开放教育与高职教育的协同发展。

二、职继融通"立交桥"的模式建构

职业教育主要有中职教育和高职教育，开放教育主要有专科教育与专科升本科教育。从中职教育到高职教育，从开放教育专科到开放教育专科升本科（简称"专升本"）是常规的人才培养通道，也是两条并行的人才培养通道；人才培养"立交桥"正是建立在这两条常规人才培养通道的基础上。

职业教育与开放教育人才培养通道的交汇，可以建构三种新型人才培养通道，即衔接式、互通式、贯通式人才培养通道。这三种人才培养通

128

道，是不同教育类型在不同教育层次上的多维交错。三者相互联系、相互影响，共同构成"三位一体"的人才培养"立交桥"（如图 8-1 所示）。

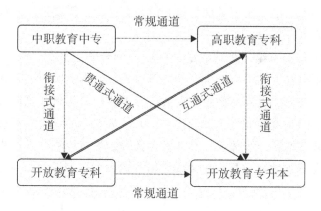

图 8-1 职业教育与开放教育人才培养"立交桥"

（一）建构衔接式人才培养通道

衔接式人才培养是两类教育在不同教育层次上纵向衔接而形成的一种新型人才培养通道，包括中职教育与开放教育专科、高职教育与开放教育专升本两种衔接类型。衔接式人才培养发生在职业教育与开放教育相同或相近的专业之间。

以广东理工职业学院与广东开放大学的衔接试点为例，高职教育的软件技术专业对接开放教育专升本的计算机科学与技术专业；高职教育的计算机网络技术专业对接开放教育专升本的信息安全专业；高职教育的建筑工程技术专业对接开放教育专升本的土木工程专业；高职教育的投资与理财专业对接开放教育的经济与金融专业。

在衔接式人才培养方案的设计上，广东理工职业学院与广东开放大学的衔接专业按照培养层次设计有梯度、有衔接的培养目标；按照内容层次进行一体化的课程设置。两类教育的人才培养方案通过设置衔接课程（或桥梁课程）来实现。衔接式人才培养方案包括三类课程：第一类是高职教育培养方案中的专有课程，遵循职业教育规律和职业教育课程标准；第二类是两者衔接课程，即教学内容相互交叉、相互衔接的课程，衔接课程可以是两类人才培养方案中的同名或近似课程，也可以是为实现两者教学内容衔接而设置的新课程，衔接课程需要兼顾开放教育与高职教育的教育规律与课程标准；第三类课程是开放教育课程，需要遵循开放教育规律与开放教育课程标准。

衔接式人才培养方案其实是一种可分可合的"三合一"人才培养方案，是职业教育人才培养方案、开放教育人才培养方案以及衔接式人才培养方案的集合体。以高职教育与开放教育本科衔接为例，高职教育课程与衔接课程共同构成高职教育课程体系；开放教育本科课程与衔接课程共同构成开放教育本科课程体系；高职教育课程、衔接课程与开放教育本科课程共同构成高职教育与开放教育本科衔接式人才培养课程体系（如图8-2所示）。

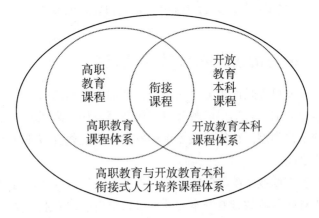

图8-2 高职教育与开放教育本科"三合一"人才培养课程体系

衔接式人才培养模式既保持了两种教育人才培养的相对独立性，又能实现两者的有机衔接。衔接式人才培养实现的关键在于衔接课程的设计与内容布局，由于衔接课程需要兼顾职业教育面授教学与开放教育网络教学的特点，衔接课程更适合采取混合式教学模式。

（二）建构互通式人才培养通道

互通式人才培养是两类教育在相同教育层次上横向互通而形成的一种

新型人才培养通道。开放教育专科与高职教育之间可以建立互通式人才培养通道。两者人才培养的层次相同，不存在教学内容的层次性差异，只是教学目标和教学内容各有侧重点。因此，两者之间可以实现课程互通、学分互认、"1＋X"证书互联（如图8－3所示）。

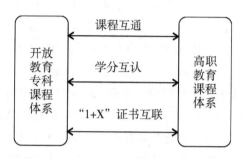

图8－3　互通式人才培养的"互通之道"

　　课程互通是指两者之间的课程可以互通共享。高职教育可以引入开放教育专科通识类课程，加强学生素质教育；开放教育专科可以引入高职教育的虚拟实验实训课程、网络化的职业素养课程，提升学生的技术技能和职业素养。同时，高职教育还可利用开放教育在线课程资源开展混合式教学。以广东理工职业学院与广东开放大学为例，两校现有同名专业10个：计算机应用技术、电子商务、会计、市场营销、保险、法律事务、公共文化服务与管理、会展策划与管理、应用英语、商务英语。学校正在筹划基于网络的学习平台，将开放教育专科专业的网络课程资源共享给高职教育，促进高职教育的混合式教学开展。

　　学分互认是指高职教育与开放教育专科课程可以互认学分。高职教育学生可以选修开放教育课程，并且其学分可获得认可；开放教育学生也可以选修高职教育所开设的在线课程，并且其学分可获得认可。

　　"1＋X"证书互联是指高职教育与开放教育专科相同或相近专业，因为有共同的职业技能等级证书考试而互相关联。两者可以在人才培养方案中共同设置相关证书课程，通过学生的互选互修实现两者的资源共享。尽管"1＋X"证书互联主要针对职业教育，但是对于以在职人员为主的开放教育的学生，基于其在职人员工作背景，参加职业技能等级证书的考试是应然之举。

（三）建构贯通式人才培养通道

贯通式人才培养是指两类教育的多个层次贯通一体形成的新型人才培养通道。贯通式人才培养是中职教育、高职教育、开放教育贯通一体的培养方式，也是中专层次、专科层次与专升本层次贯通一体的培养方式。贯通一体人才培养方式，以及中职教育与高职教育的"五年一贯制""三二分段"方式等实现中专层次与专科层次的一体化培养，使学生达到大专层次水平，然后再与开放教育专升本衔接，使学生达到本科层次（如图8-4所示）。贯通式人才培养实质上是"五年一贯制"或"三二分段"职业教育人才培养方案与开放教育专升本人才培养方案的对接。在对接过程中，对于教学内容完全重复的课程，可以采取免修免试方式；对于教学内容部分重复的课程，可以通过开设衔接课程的方式。

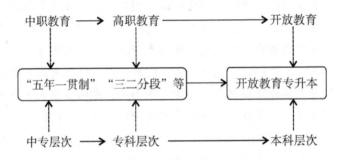

图8-4　贯通式人才培养通道模式

贯通式人才培养的优势在于学生接受了完整的职业教育，学生在完成"五年一贯制"或"三二分段"的学习后，年龄相对较大，学习经验相对丰富，自我控制、自主学习能力相对较强，学生也就更容易接受开放教育专升本阶段的教育。

三、职继融通"立交桥"的建构要点

（一）聚焦职业技能人才培养是"立交桥"运行的起点

培养职业技能人才既是两者"立交桥"建构的基础，也是人才培养方案制订的起点。职业教育与开放教育的"立交桥"专业，应聚焦培养职业技能的专业，而不是在所有专业之间都建构"立交桥"。也就是说，开放教育应尽可能选择职业性较强的"立交桥"专业，而职业教育应尽可能选择实操性要求相对较低的"立交桥"专业，使得两者的"立交桥"专业尽可能靠近。如广东理工职业学院与广东开放大学所开展的"立交桥"专业，均为以职业技能培养为主的专业，如开放教育的计算机科学与技术、信息安全、土木工程，与其对接的分别为高职教育的软件技术、计算机网络技术、建筑工程专业。

在人才培养目标的设定上，职业教育与开放教育的"立交桥"专业，在兼顾职业教育与开放教育特点的前提下，应努力实现两者人才培养目标的趋同。两者人才培养目标的共同点越多，则两者的互通之处越多，所建构的"立交桥"才会更坚实，所建立的"立交桥"通道才会越宽广。

（二）终身一体学习平台是"立交桥"畅通的保障

人才培养"立交桥"的运行，需要有一个能同时承载职业教育与开放教育，并能实现教学与资源互通的载体。学习平台正是承载这一任务的最佳载体。

搭建人才培养"立交桥"，可以实现职业教育的职前教育与开放教育的职中及职后教育衔接，能够开展终身一体的职业教育，为此，承载"立交桥"的学习平台应是终身一体学习平台。该学习平台应具有如下四个特点。

首先是职业性。学习平台建设以职业技能人才培养为核心，职业性是其应然属性，学习平台应全面支撑职业教育的信息化教学，特别是虚拟实验实训、虚拟仿真、虚拟现实（VR）等。该平台相对于普通教育、开放教育的网络学习平台，其功能应更为强大。

其次是终身性。终身一体学习平台不仅应支撑职业教育与开放教育在校生的学习，还应支撑已毕业学生的学习，做到学生"毕业不离校"。在终身教育视域下，学生的毕业只是意味着一个学习阶段的结束，其未来还会有继续学习的需求和愿望。学校通过学习平台为毕业生提供终身学习服务，可以为职业教育、开放教育的未来发展提供源源不断的动力。

再次是一体性。学习平台面向各层次的职业教育与开放教育学生。从理论上讲，所有职业教育专业都可以利用学习平台开展信息化教学或辅助教学。在课程形式层面，可以开展通识类课程的网络教学或混合式教学；在实验实训层面，可以在学习平台上布局虚拟实验实训资源或进行实验实训网络指导等；在课程内容层面，可以将可网络化的教学资源、题库资源、课程相关的外部拓展资源（如在线开放课程）等发布在学习平台上；在教学实施层面，可以在学习平台上创设虚拟社区、开展学习活动、组织网络学习、开展网络测验等。

最后是开放性。人才培养"立交桥"建构的目的，在于开拓更多的人才培养通道，培养更多复合型技术技能人才。开放的学习平台可以促进职业教育与开放教育师生之间，以及学生之间的学术性交流、社会化交流。在校学生与在职学生的职业发展交流，对于在校学生的就业与职业发展规划大有裨益。

（三）共建共享教学资源是"立交桥"应用的优势

立足职业技能人才培养，共建共享教学资源，特别是网络教学资源是人才培养"立交桥"运行的优势。

以职业技能人才培养为核心的网络教学资源建设，需要关注两个方面。一是要建设职业性的资源，即教学资源的建设重点是职业性教学资源，同时要涵盖人文素养资源。孙长远等（2016）指出，职业教育所要培养的"高素质劳动者"是既有科学素养又有人文素养的职业人，缺少或倾向任何一方都只能造就片面发展的人。二是要建设覆盖职业教育全过程的资源，即所建设的教学资源应涵盖职业教育的职前、职中和职后教育，形成基于职业或专业的教学资源体系。

建立以培养技能人才为核心的网络教学资源，其好处显而易见。一是有助于职业教育在校生"深造"学习，即学生可以提前学习职中、职后的技术技能与专业知识，从而更好地适应未来的职业生涯。二是可以让开放教育的在职学生"补课"，开放教育的在职学生在学好专业知识的同时，能够利用网络教学资源"补课"，自主学习职前教育阶段的知识与技术技能，夯实自身的职业素养和专业基础。

（四）教学组织求同存异是"立交桥"运作的方法

职业教育与开放教育在教师资源、教学资源、教学方式等方面的互补性，要求两者在教学组织上"求同"，以实现两者的优势互补；两者在教育政策、培养目标、教学管理、考核与评价等方面的差异性，又要求两者在教学组织上"存异"，以兼顾两类教育的不同特点。为此，求同存异是两者教学组织的基本原则。具体来说，有以下四个方面的方法。

首先是在教学团队组织方面。以教学相长为导向，基于优势互补原则，充分发挥开放教育教师的信息化教学优势，职业教育教师的技术技能教学优势，促进两者教学相长、共同进步。

其次是在教学方式方法方面。对于职业教育，可以基于课程特点推广混合式教学、网络教学等，提升职业教育的信息化教学水平；对于开放教育，则可充分吸收职业教育技术技能的教学优势，借助现代化信息技术手段，提升网上实验实训、技术技能教学的能力。

再次是在教学组织实施方面。基于求同存异原则，结合衔接式、互通式、贯通式的人才培养特点，组织实施课程教学，既不盲目要求统一，也不拒绝共享。

最后是在教学考核与评价方面。遵循职业教育与开放教育的教学规律与教学要求，基于各自的培养目标与课程标准进行教学的考核与评价。

职业教育与开放教育人才培养"立交桥"的建构，是促进各级各类教育沟通衔接的有益探索。人才培养"立交桥"作用的发挥，需要打破"门户"之隔，建立价值认同。只有两者立足于终身教育体系建构，方能实现从沟通衔接到融为一体。

第三节　构建职继融通的命运共同体

开放教育与职业教育作为两种类型的教育，在管理体制以及教育教学方面有诸多显著差异，为促进职继融通，应建构开放教育与职业教育的命运共同体，推进和保障职继融通工作，促进两类教育的互连互通、共生共长。

一、职继融通命运共同体的构成

（一）命运共同体的概念

共同体最初由德国社会学家斐迪南·滕尼斯（Ferdinand Tönnies，1999）提出，他认为共同体是基于情感、习惯等自然因素或者基于地缘、业缘等社会因素所形成的社会有机体。马克思认为，人的发展离不开共同体，只有在共同体中，个人才能获得全面的发展。（鲁明川，2012）

命运共同体是个体间联系更紧密、命运更相依的共同体，共同体内的个体同生长、共命运，一荣俱荣，一损俱损。命运共同体揭示了人与人之间相互依赖、共同发展、合作共赢、平等尊重的关系。（李春根 等，2016）

命运共同体是个体间的共性、个性与互补性相互作用的产物。命运共同体因为双方的共性而具有合作的基础，因为双方的个性而具有各自的发展空间，也因为双方的互补性而具有更多的合作收益。没有共性，相互之间难以互联互通；没有个性，命运共同体中的个体难以成长；没有互补性，双方难以产生合作的增量。为此，"和而不同"是命运共同体的本质特征，通过"和"发挥双方互补优势，通过"不同"促进双方个性化发展。

（二）"四位一体"的职继融通命运共同体

职继融通办学模式的应然之利以及双方的生存发展困境，要求开放教育与职业教育必须选择一体化办学模式，两者同命运、共呼吸，充分利用双方的互补优势，齐心协力实现共同发展。然而，开放教育与职业教育在价值认同、政策隔离、教学实施等方面的差异性，又要求一体化办学策略需要包容双方的个性，遵循各自的教育规律与教学特点，不能简单采用融合或合并策略。建构开放教育与职业教育的命运共同体，能够实现对双方共性、个性与互补性的包容与充分利用，能够促进双方同命运、共发展。

基于开放教育与职业教育的教育教学特点，开放教育与职业教育的命运共同体包括文化共同体、学生共同体、教师共同体和教学共同体。开放大学通过打造文化共同体，促进开放教育与职业教育的价值与文化的认同；通过打造学生共同体，实现各级各类学生互联互通，促进学生职业发展与社会化发展；通过打造教师共同体，营造协同发展环境，促进开放教育与职业教育教师的专业发展、教学发展、职业发展和社会化发展；通过打造教学共同体，实现师生之间的教学互通，促进师生协同发展。开放教育与职业教育命运共同体可用图 8 – 5 来表示。

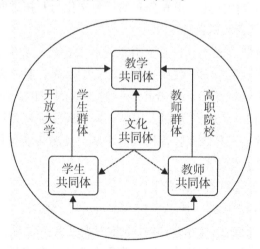

图 8 – 5　职继融通命运共同体示意图

命运共同体中每个共同体自成一体，均包含了开放教育与职业教育的内容。四个共同体相互作用、相互影响，形成"四位一体"命运共同体，共同促进开放教育与职业教育的发展。文化共同体是命运共同体的核心，影响其他三个共同体的作用发挥。也只有开放教育与职业教育具备了价值与文化的认同，两者的互联互通才会真正发生。教师共同体与学生共同体是命运共同体的两大支柱，分别促进教师群体与学生群体的发展。教学共同体则是命运共同体的基础和平台。

二、建构价值认同的文化共同体

文化共同体将文化的内在精髓与外在形体以独特的文化结构整合汇聚（张璐，2019）。职继融通文化共同体的建构，旨在建构开放教育与职业教育之间的文化桥梁，实现两者在文化上的内外融合、价值一体。开放大学通过文化桥梁的建构，实现两者共同的社会价值观和共同的理想追求，促进开放教育与职业教育教师、学生、管理者的价值与文化认同，为开放教育与职业教育提供思想源泉和发展动力。

开放教育与职业教育文化共同体的建构，需要打造平等互利的共生文化、开放包容的合作文化、求真务实的行为文化与开拓进取的创新文化。

1. 打造平等互利的共生文化

在职继融通办学模式下，是否给予开放教育与职业教育平等的地位，让两者均衡发展，关系到开放大学资源配置的多寡，属于大学的战略性布局问题。从应然性视角看，两者作为相对独立的高校，作为两种教育类型，应该给予同等地位，不能顾此失彼；从协同发展视角看，平等的地位更容易实现开放教育与职业教育的共生共赢、共建共享与共管共治，从而建立更为紧密的共生关系。

2. 打造开放包容的合作文化

开放教育以"开放、灵活、终身、全纳、便捷"为特征，以服务"人人皆学、处处能学、时时可学"的学习型社会为己任，充分体现了其开放包容的内在属性。其开放性表现为面向全体社会成员提供涵盖学历教育与非学历教育、职业教育与非职业教育的教育服务，是"有教无类"

的倡导者与践行者。开放是开放教育的灵魂，开放教育同时充分体现了包容性，包括对不同社会背景、不同知识基础、不同文化底蕴的学习者的包容。开放教育因其开放包容而形成核心竞争力，因其开放包容而能实现与各级各类教育的沟通与衔接。

开放包容也是职业教育的内在属性。职业教育"作为跨越了教育与产业、学校与企业、工作与学习边界的教育，育人环境的包容性与开放性应充分体现到我们人才培养的各个环节"（丁晓昌，2014）。职业教育的校企合作充分体现了职业教育的开放包容性。

为此，开放教育与职业教育可以共同打造开放包容的合作文化。基于这一合作文化，职业教育可以更为开放地利用现代信息技术、更为广泛地开展校企合作、更为包容地利用各类社会师资。开放教育也可以进一步面向社会开放，吸纳社会中更优质的教育教学资源，为开放教育学生提供更优质的服务。

3. 打造求真务实的行为文化

职业教育学生能否就业、能否直接上岗，取决于学生对技术技能是否真正地掌握，为此，职业教育必须倡导求真务实的精神。这种求真务实的精神，也造就了职业教育求真务实的行为文化。

相对于职业教育的学生来说，开放教育的学生多为在职人员，造成开放教育的求真务实的精神相对不足。为此，共同打造求真务实的行为文化，能够促使开放教育更加重视过程、更加重视实践、更加重视实效、更加重视质量。

4. 打造开拓进取的创新文化

开放教育与职业教育有很强的互补优势，使得两者在人才培养模式、教学方式方法、资源共建共享、师生共管共治等方面有很大的创新空间。打造开拓进取的创新文化，是两者共同的内在要求。唯有不断开拓进取、不断创新，才能充分发挥两者的互补优势和协同发展。由此可见，打造开拓进取的创新文化是职继融通发展的必然选择。

三、建构互帮互助的学生共同体

学生共同体的建构源于学生之间的帮扶需要。王多兵（2019）指出，学校通过构建"民汉学生共同体"，实现了汉族学生对少数民族学生的思想上引领、学业上帮扶、生活上关心。

职继融通学生共同体是指开放教育与职业教育学生基于专业与职业发展所形成的互帮互助共同体。一方面，学生基于共同的学习目标走在一起、学在一起，通过相互交流，实现知识与技术技能的增长；另一方面，职业教育的在校学生与开放教育的在职学生构成一个小型学习共同体，学生之间进行社会化的交互，探讨职业规划、职业发展以及社会生活等，实现共同进步。

开放教育学生与职业教育学生虽然存在时空的分离，但是两者具有天然的联系。开放教育在职学生是职业教育在校学生的未来工作与生活的原型与样板，对职业教育学生的未来发展有良好的激励与鞭策作用；同时，开放教育在职学生也能从职业教育学生的身上感受到校园学习的氛围，不仅让他们能产生亲切感，也能产生持续学习的动力。学习共同体的建构目标在于形成校内学生与校外学生、在职学生与在校学生的互帮互助环境，使得学生能够在这种环境中获得持续发展的动力，获得专业与职业的提升。学习共同体的建构可用图 8-6 来表示。

在学习共同体中，主要体现了以下四个方面的相互作用及交互关系。

1. 学术性交互

学术性交互是指开放教育学生与职业教育学生基于专业学习所进行的交流，包括专业层面、课程层面、学习方法层面的交流互动。两类学生的学术性交互打破了两类学生专业学习的壁垒，能够促进开放教育学生职业理论的提升，丰富职业教育学生的实践经验，最终达到优化学习方法、提升学生学习效率与效果的目标。

2. 社会化交互

社会化交互是指学生为了适应社会发展需要，让自身融入社会所进行的交互。社会化交互是两类学生互联互通的最大优势所在。这种交互可以通过在网络学习平台或微信公众平台上建立虚拟交互社区实现。开放教育在职学生与职业教育在校学生可以就职业规划经验、工作技能技巧、社会生活经验等进行广泛的交流互动，这能够帮助职业教育学生获得更多的职业规划经验、工作技能技巧、社会生活经验，从而帮助职业教育学生提升其就业与社会生存能力，促进学生的社会化发展。

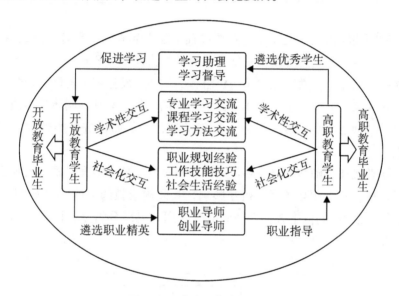

图8-6　学习共同体的建构

3．职业指导型交互

基于开放教育的学生绝大部分为在职人员，可以通过遴选方式，优选学生中的职业精英，并聘请其为职业教育学生的职业导师、创业导师，为职业教育学生提供更具针对性的就业、创业以及职业发展的指导。开放教育的学生除了能够为职业教育在校学生提供职业发展指导外，还可以为职业教育学生的实验实训以及顶岗实习提供场所和条件。另外，开放教育与职业教育的毕业生也可以在终身学习理念的引领下，为在校学生提供职业发展与社会化发展的指导，以及提供实验实训、顶岗实习的场所和条件。

4．学习助理型交互

基于职业教育学生全日制学习的优势，可以遴选优秀的职业教育学生，为开放教育学生提供助学、促学帮助，缓解开放教育学生因工学矛盾带来的学习进度、学习时间方面的压力，促进开放教育学生可以专心、专注地学习。

四、建构协同发展的教师共同体

教师共同体是在教师专业发展过程中建立起来的，具有相同的目标，共同参与专业发展的计划、实施和反思的智力团体（Perry et al.，1999）。在这一共同体中，教师通过参与、合作、实践，既滋养了自己的教学知识和实践智慧，又促进了共同体中其他同伴的成长。教师共同体的本质是通过促进教师之间的知识、技术、技能的交流，从而促进各类教师的协同发展。

职教融通教师共同体主要由开放教育教师、职业教育教师、行业企业教师构成。三者相互作用、相互影响，共同构成教师共同体（如图 8-7 所示）。教师共同体中教师之间的交互作用，可以分为互补性交互与共享性交互。

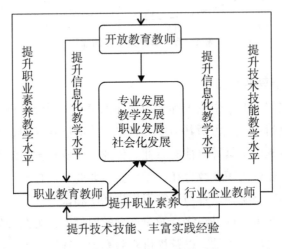

图 8-7 职教融通教师共同体

1. 互补性交互

教师之间的互补性交互，是指教师之间基于双方互补优势所进行的交流互动。一是开放教育教师与职业教育教师的交互。开放教育教师可以借助职业教育教师提升职业素养和技能教学水平，职业教育教师则可以借助开放教育教师提升信息化教学水平。二是开放教育教师与行业企业教师的交互。开放教育教师可以借助行业企业教师提升技术技能教学水平，行业企业教师则可以借助开放教育教师提升信息化教学水平。三是职业教育教师与行业企业教师的交互。职业教育教师可以借助行业企业教师提升技术技能，丰富实践经验，行业企业教师可以借助职业教育教师提升职业素养和理论知识。

2. 共享性交互

教师之间的共享性交互，是基于教师共同的专业发展、教学发展、职业发展以及社会化发展需要所进行的分享性交互。一是专业发展交互。教师专业发展是教师学习新的教学法、将理论知识运用于教学实践、提升教学质量的重要途径，受到国家和政府的高度关注（Levay and Hourigan，2016）。教师通过相互之间的专业学习与交流，提升自身的专业知识、专业技术技能，促进自身的专业发展。二是教学发展交互。教师通过参与质量工程、开展教研教改，提高教学的理论水平和教学研究能力。通过参与教学实践、教学交流、教学观摩等活动，提升自身的教学技能与教学水平，最终促进自身以及学校的教学发展。三是职业发展交互。教师通过相互之间的职业交流，增强自身的职业规划能力，提升自身的职业生存能力，促进自身的职业发展。四是社会化发展交互。教师通过相互之间的社会化交互（如社会生活、社会化社交等），提升自身的社会化水平，使自身能够进一步适应和融入社会，获得更好的社会生存能力。

五、建构求同存异的教学共同体

教学共同体又称为人才培养共同体，是按照人才培养与人才成长规律的要求，由参与高校人才培养的各个行为主体组成的联盟（马骁 等，2010）。教学共同体是以学生为主体，以教师为主导，以教学为主线所形成的共同体。在教学共同体中，教师、学生以及教学辅助人员围绕教学工作的开展，共同构成一个相互作用、相互影响的有机体。

1. 教学共同体的特点

基于开放教育与职业教育教学的显著差异，可以采取求同存异策略建构教学共同体。具体来说，教学共同体具有五个方面的特点。

第一，培养方案的求同存异。基于开放教育与职业教育人才培养目标不同，培养方案的制订应遵循求同存异原则，求同是指在兼顾两者培养目标差异性的同时，尽可能实现两者培养方案的趋同，以实现两者在专业、课程、资源层面的共建共享；存异是指培养方案的制订不盲目追求一致，应充分考虑两者人才培养目标的差异，也只有这样，才能实现两者人才培养目标的达成。

第二，课程体系的"一库两用"。基于人才培养方案，可以建设统一的专业课程库。所建设的专业课程库可以"一库两用"，以实现开放教育与职业教育专业课程、教学师资、教学资源的互通共享。

第三，课程资源的共建共享。职业教育可以利用开放教育的网络学习资源开展混合式教学；开放教育可以利用职业教育的虚拟实验实训资源等，优化技术技能网络教学。职业教育还可以将开放教育的人文素养类网络课程作为公选课或选修课，加强职业教育学生的人文素养教育。

第四，教学实施的互联互通。由于开放教育与职业教育的教学流程、教学环节与教学要求的显著差异，两者需要采取不同的教学方式方法。但是，两者在教学实施层面仍然可以互联互通，如同层次相同或相近课程的教学互通，职业教育的面授课程可以通过直播或录制成为网络课程，供开放教育学生使用等。

第五，教学基地的共建共用。实践教学是职业教育的核心内容，开放教育作为主要面向在职人员的教育类型，强化实践教学也是其内在要求。为此，通过共建共用实践教学基地，可以拓宽实践教学渠道，提高实践教学基地的使用效率。同时，也能为开放教育的实践教学开辟新的领域和空间。

2. 教学共同体的建构

教学共同体以学生为中心、以教学为主线，通过教学实现教师与学生的互联，通过教学实现教师与学生的共同提升。教学共同体的建构可用图8-8表示。

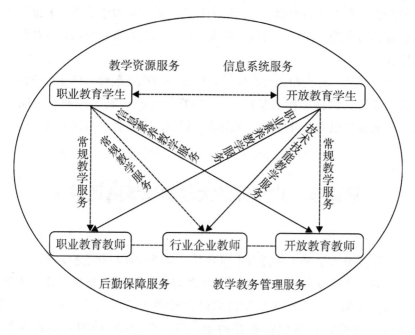

图8-8 教学共同体的建构

基于求同存异的教学实施原则，在教学共同体中，不片面追求开放教育与职业教育教学实施的一体化，但是追求两者教学的互补性。互补性的教学服务，既能保持开放教育与职业教育教学工作的顺利开展，又能弥补两类教育教学工作的不足，实现彼此之间的优势互补。具体来说包括两个方面。

首先是面向开放教育学生的教学增值服务。在教学共同体中，开放教育学生除了获得开放教育教师的常规教学服务外，还可以额外获得职业教育教师、行业企业教师的教学服务。开放教育学生通过与职业教育教师的交流互动，提升自身的职业素养和职业教育理论水平；通过与行业企业教师（行家里手）的交流互动，可以获得技术技能的教学服务，增强自身的实操与实践能力，提升自身的技术技能水平。

其次是面向职业教育学生的教学增值服务。在教学共同体中，职业教育学生除了获得职业教育教师、行业企业教师的教学服务外，还可以额外获得开放教育教师的教学服务，特别是信息素养类教学服务，有助于学生信息素养的提升、视野与格局的拓展，助力职业教育复合型技术技能人才的培养。

总而言之，建构命运共同体是开放教育与职业教育一体化办学的应然之选。命运共同体建构的精髓在于"和而不同"，利用"和而不同"策略，既能发挥双方互补优势，又能兼顾双方教育特性，解决实践难题。

第四节　广东开放大学的职继融通探索

广东开放大学是一所拥有中职教育、高职教育与开放教育等多种办学类型的新型高等学校。为推进开放教育与职业教育的互联互通、优势互补、协同发展，广东开放大学将职继融通纳入了学校"十四五"规划，并进行了开放教育与职业教育的中、高、本衔接①的制度设计与初步探索。

一、将职继融通纳入学校发展规划

广东开放大学在"十四五"规划中专门提出要"强化职继融通的一体化办学"，推进继续教育与职业教育横向融通，不同层级职业教育的纵向贯通，学历教育与非学历教育的双向互通。

首先是在继续教育与职业教育横向融通方面，广东开放大学将以终身教育理念提质优化职业教育，增强职业教育适应性；以职业教育技术技能优势强化继续教育，增强继续教育实用性。强化开放教育与职业教育沟通

---

①　中、高、本衔接是指中职教育与开放教育专科、高职教育专科与开放教育本科衔接一体的人才培养模式。

衔接制度，继续做好中职教育与开放教育专科一体化人才培养、高职教育与开放教育本科衔接式人才培养改革试点，实施人才培养方案融通建设。通过深化职继融通一体化办学，推进开放教育与职业教育专业融通建设、开放教育学科专业群与职业教育专业群融通建设，将两者共同的部分建强、不同的部分建新，建设一批职继融通专业标准；推进开放教育与职业教育课程资源颗粒化建设、活页式组装的融通建设，建设一批职继融通精品课程。

其次是在不同层次职业教育的纵向贯通方面，广东开放大学大力提升中等职业教育的办学质量，推进省属中职学校集团办学，整合广东开放大学附属职业技术学校和广东省理工职业技术学校资源，优化中职专业布局结构，重点做好"三二分段"中高职贯通培养，为广东理工职业学院输送具有扎实技术技能基础和合格文化基础的高质量生源。整合省级高水平专业群、省级重点学科、省级品牌专业等优势资源，总结开放大学长期以来在本科层次的办学经验，积极探索本科层次职业教育专业建设。建设职业教育中、高、本纵向贯通模式，一体化设计职业教育人才培养体系，推动各层次职业教育专业设置、培养目标、课程体系、培养方案的衔接。

最后是在学历教育与非学历教育的双向互通方面，广东开放大学以资源共享为核心推进学历教育与非学历教育的双向互通，扩大非学历教育资源供给。依托职业教育、继续教育的专业资源，发挥体系办学优势，广泛开展职业培训。深化证书融通，发挥广东省"1+X"证书制度试点工作办公室平台作用，联合培训评价组织建设一批学历教育与非学历教育互通的优质课程资源。建设学历教育与非学历教育互通的课程资源库，建立以课程为单位组建培训项目的机制，实现一次建设、灵活组装、持续更新和共享使用。

二、开展职继融通的制度设计

广东开放大学以开放教育与职业教育的中、高、本衔接为抓手，开展职继融通的制度设计。早在2018年，广东开放大学就制定了《广东开放大学与广东理工职业学院专本衔接一体化应用型人才培养试点项目的实施方案》，并报批广东省教育厅。广东省教育厅对该项目予以大力支持，发布《广东省教育厅关于广东开放大学开展职业教育人才培养改革试点的复函》（粤教规函〔2018〕183号），在范围、规模、学制、学籍管理、教学管理、文凭发放、收费等方面提出明确要求和指导意见。为了做好开放教育与职业教育的职继融通工作，广东开放大学对开放教育与职业教育的职继融通进行了一体化的制度设计。

1．课程体系融通

基于职业教育与开放教育特点，进行课程教学、实验实训、顶岗实习以及面授教学与在线教学相结合的一体化教学设计。按照教学内容梯次，进行一体化课程设置。高职教育课程与开放教育本科（专升本）课程避免重复设置。高职教育与开放教育本科（专升本）的同名或近似课程，采取在高职教育课程基础上开设开放教育本科（专升本）衔接课程方式达到对应课程的本科学习要求。一体化的课程体系，将高职课程称为第一类课程，专升本衔接课程称为第二类课程，开放教育专升本课程称为第三类课程。第一类课程按高职教育课程标准设置，第二类、第三类课程按开放教育本科（专升本）课程标准设置。

2．学籍管理打通

广东开放大学面向开放教育本科与高职教育的沟通衔接，制定了《广东开放大学高职教育与开放教育本科衔接试点项目学籍管理办法（试行）》；面向开放教育专科与中职教育的沟通衔接，制定了《广东开放大学中职教育与开放教育专科衔接试点项目学籍管理办法（试行）》，对开放教育专科与中职教育、开放教育本科与高职教育的一体化人才培养试点项目的入学与注册、学制、考核与成绩、转专业与退学、毕业与证书等环节的管理进行了明确规定。如规定"参加试点项目的高职院校的在校学生由广东开放大学注册为课程注册生，课程注册生的学习信息进入广东终身教育学分银行。学生达到开放教育本科（专升本）入学条件后，广东开放大学在教育部学信网进行学籍学历电子注册，学生取得本科（专升本）阶段的学籍"，"试点项目实施'3+2'——5年基本学习制度，前3年在高职院校全日制学习，后2年以业余方式学习。实行学分制，弹性学制。通过学分积累和转换，达到开放教育本科（专升本）毕业条件可以提前毕业"。

3. 教学工作互通

广东开放大学针对开放教育本科与高职教育的沟通衔接，制定了《广东开放大学高职教育与开放教育本科衔接试点项目教学工作实施细则（试行）》；针对开放教育专科与中职教育的沟通衔接，制定了《广东开放大学中职教育与开放教育专科衔接试点项目教学工作实施细则（试行）》，明确了高职教育与开放教育本科、中职教育与开放教育专科一体化人才培养的指导思想、工作职责、教学流程、教学模式、教学资源、教学过程、课程考核以及教学检查与评价等事项。广东开放大学主要从三个方面实行教学工作互通。

首先是在团队建设方面，广东开放大学制定了《广东开放大学职业教育与开放教育衔接试点项目教学团队建设管理办法（试行）》。明确了职业教育与开放教育衔接试点项目教学团队的建设目标和任务，专业教学团队与课程教学团队的职责，教学团队成员的组成，组建程序与考核办法。如规定"团队负责人一般由专业负责人担任。团队负责人须有高级职称，品德高尚，治学严谨，具有团结、协作精神和较好的组织、管理和领导能力。具有较深的学术造诣和创新性学术思想；长期致力于本专业或课程团队建设，坚持在教学一线进行课程资源建设和教学"。对于团队成员，要求"团队成员应具备本科以上学历，中级以上职称，至少3人拥有高级职称。团队成员年龄结构合理，老中青结合，职业教育与开放教育师资建议比例为1∶1。同时要积极引入'双师型'师资等"。

其次是在课程标准建设方面，广东开放大学按照"开放、共享"的原则，重构试点项目一体化的课程体系，融合设计学习资源，确保开放教育的线上优质课程资源、职业教育实验实训资源的充分利用。广东开放大学制定了《广东开放大学职业教育与开放教育衔接试点项目课程标准编制规范》，明确了职业教育与开放教育衔接试点项目课程性质、课程目标、课程内容、课程建设和课程教学建议，并提供课程标准模板。

最后是在教学组织与管理方面，广东开放大学要求专业负责人牵头组织专业教学团队，依据专业人才培养方案，基于学、测、评一体化的教学思路，制定专业教学工作规范，明确专业教学工作职责、教学条件、主要教学环节及教学要求、教学资源建设与应用、教学支持服务、教学质量监控等方面的实施要求。课程负责人牵头组织课程教学团队，依据专业培养目标规格和课程教学任务，制定课程标准和教学要求。

三、职继融通的初步实践成果

广东开放大学、广东理工职业学院先后有计算机网络技术、信息安全等八个专业，开展了高职教育与开放教育沟通衔接试点，344 位学生通过这种学习方式获得本科学历；2020 年再增加了 4 个本科专业进行试点。在试点工作中，参与试点的部门或专业还取得了省级教学成果二等奖 1 项，省级质量工程与教研教改项目 3 项，校级质量工程与教研教改项目 3 项。以"广东理工职业学院计算机网络技术专科专业与广东开放大学信息安全本科专业专本衔接一体化人才培养方案"为例，主要做法有以下五个方面。

第一是在培养目标上，制订了"一体化"的培养目标，包含专科阶段的培养目标和本科阶段的培养目标，让学生明白不同阶段的努力方向。

第二是在专业建设上，采取"四位一体、多元合作"方式构建专业。基于"开放、合作、资源整合"的理念，通过"四位一体、多元合作"方式进行专业教学和人才培养。"四位一体"是指政府支持、行业指导、企业参与、高校主办的一体化人才培养机制；"多元合作"是通过校企、校校的多元合作而开展的教学机制。其目的是充分发挥和整合各种社会力量和优质资源，以适应现代职业教育发展和高技能应用型人才需求。

第三是在课程体系设计上，建构了"一体化"课程体系。课程体系设计实行专科与本科贯通，以"高起本"为主体，贯通"专科、本科""单科学习、课证结合、学分互换"的整体化设计，以"模块化"为原则构建专业课程，充分体现信息安全专业发展的最新主流方向，其具有扎实的理论基础和较强的职业性、实践性、沟通性、灵活性和延伸性。

第四是在实践体系建设上，探索"真实环境、虚拟实训、校内实践与校外实践相结合"的实践教学体系。把实践性教学贯穿于人才培养的全过程，专业实训教学将真实环境、虚拟实训、校内实践与校外实践相结合。"真实环境"是以校内现有的实验室、实训室及实训基地为基础开展部分课程、集中性实践教学环节的实训教学；"虚拟实训"是将课程实践教学环节中的实验或实践内容放在网上实验室中，由学习者自主学习、模拟操作和训练；"校内实践与校外实践"是学生可以根据自己所在的地区、时间条件、感兴趣的方向，选择当地的相关企业，机动、灵活地安排个人的实践学习。

第五是在学分互认上，将职业资格证书与学历教育学分认定规则嵌入人才培养方案，依据学校学分银行中心颁布的学习成果认定与转换总则，制定信息安全专业职业资格证书与学历教育学分认定规则，明确证书名称、对应的课程名称和对换方式。（刘超球 等，2020）

第九章 两翼并举：终身一体的学习体系建设

开放大学面向全民提供终身学习服务，为满足社会成员复杂多样的学习需求，实施学历教育与非学历教育的两翼并举，通过建构以课程为基点的协同一体的终身学习体系，实现开放大学的学历教育与非学历教育协同发展。

第一节 实施两翼并举的协同发展策略

一、学历教育与非学历教育面临的挑战

学历教育与非学历教育是开放大学的两驾"马车"，推进两者的并驾齐驱、相互融合是一种共识。当前，开放大学的学历教育与非学历教育均面临着严峻的挑战。

就学历教育而言，其发展前景不容乐观。继 2019 年高职扩招 100 万名学生之后，2020 年、2021 年高职继续扩招，其主要招收对象是高中毕业生、退役军人和下岗失业人员、外来务工人员、新型职业农民等群体，与开放大学的学历教育对象高度吻合。各类学历教育在线教学的普及，使开放大学的在线教学逐渐失去优势。

就非学历教育而言，做大做强非学历教育已经成为共识。虽然开放大学有着较多的非学历教育类型，如培训教育、老年教育、社区教育、乡村振兴教育等。然而，对于市场化程度更高的非学历教育，开放大学的发展

形势不容乐观。由于普通高校具有品牌与优质的师资，开放大学难以在高端的继续培训领域与其竞争；由于培训企业具有灵活的体制与机制，开放大学在面向社会的培训中也难以有其自身的优势。而在开放大学自身应有优势的中低端培训领域，尚未看到其优势的真正发挥。

二、两翼并举的协同发展策略

学历教育与非学历教育的协同发展是终身学习体系建构的内在要求，我国资历框架体系的建构以及学分银行的建设就是要推进各类教育的融合，促进学历教育与非学历教育的协同发展。然而在现实中，开放大学学历教育与非学历教育往往是两张"皮"，两者的融合差强人意。究其原因在于两者被认为"水火不相容"，在内容体系构成、教学方式方法上与在线培训差异太大，难以实现教学教育资源的互通。实际上，学历教育在线课程资源的微课化、专题化趋势，已经在向非学历教育模式靠拢。

立足于终身学习体系建设，开放大学可以采取两翼并举的策略，一方面做强做优学历教育，另一方面做大做好非学历教育。

对于学历教育，开放大学已形成了基本成熟的办学模式，关键是要做强做优，也就是要充分发挥体系作用，强化体系合作，建构强健的学习支持服务体系。同时，开放大学要充分利用现代信息技术，特别是大数据、人工智能技术等，促进信息技术与教育教学的深度融合，创新教育教学模式，提升学历教育的办学质量。对于如何做强做优学历教育，本书相关章节有详细论述，在此不再赘述。

对于非学历教育，开放大学的非学历教育项目通常包括职业培训、社会生活培训、老年教育、社区教育、乡村教育等，可以深入城乡和社区，不论在地域的覆盖上，还是项目的覆盖上都明显超过普通高校。非学历教育可以说是开放大学的蓝海，开放大学应抓住非学历教育发展的良好契机，做大做强非学历教育。

三、做大做强非学历教育的路径

（一）发挥非学历教育的优势

开放大学开展非学历教育有其先天优势，主要体现在以下三个方面。

1. 在线培训的优势

相对于普通高校的继续教育机构来说，开放大学有超过 20 多年的在线教育经验，拥有一大批拥有丰富在线教学经验的教师，积累了丰富的在线学习资源，拥有相对成熟的在线学习平台，为自身开展在线培训积累了丰富的在线资源和在线教学组织与管理的经验。这是开放大学开展非学历教育在线培训的独特优势。

2. 社会教育的优势

社会教育主要包括社区教育和老年教育。社区教育主要依托开放大学体系开展，开放大学具有相对完善的社区教育网络，社区教育为开放大学的非学历教育项目的开展提供了广阔的空间和平台。老年教育是非学历教育的一个重要领域，也是开放大学未来的增长点。比如广东老年大学，近三年来参加老年教育的人数日益增多，培训项目也特色鲜明，获得了良好的声誉与品牌效应，也获得了广东省老年教育行政主管部门的充分肯定。虽然老年教育作为一项公益性的事业收费较低，暂时难以获得显著的盈利，但是从长远来看，政府部门对于老年教育的支持力度会不断增强，开放大学通过不断创新老年教育的办学模式，特别是充分发挥开放大学在线教学的优势，相信在不久的将来，老年教育一定会迎来良好的发展契机。

3. 学分银行的优势

各地的学分银行主要由开放大学承办，经过多年的实践与探索，各地的学分银行均建设了完善的学习成果的认定、积累与转换的制度，开展了卓有成效的实践探索。学分银行为开放大学实施学历教育与非学历教育的融通提供了良好条件。开放大学的学习者，其学习成果不仅可以实现其非学历教育学分与开放大学的学历教育学分互换，而且也可以兑换为其他高校的学历教育学分。

（二）创新非学历教育机制

省级开放大学在转型成为开放大学之前是省级广播电视大学，其工作人员主要以管理型的在编人员为主，长期处于管理地位的在编人员在一般情况下很难适应培训业务的需要。这是因为培训业务具有短平快的特点，需要培训从业人员具有敏锐的市场意识，具有良好的服务精神，经常"有求于人"；而对于长期在管理岗位的工作人员，通常是别人"求"自己，所以要从别人"求"自己转变为自己"求"别人实属困难，让这些人员从从事管理型工作转变为从事市场化工作将非常困难；然而，如果引进市场人员、进行市场化运作培训，又难以突破现行管理制度和资源的约束。为此，需要在开放大学层面创新非学历教育机制。

1. 建设非学历教育队伍

对于非学历教育，其管理团队可分为研发与拓展团队、管理与服务团队、教师团队。研发与拓展团队主要负责非学历教育的项目规划、产品开发、业务拓展、市场推广、招生等。该团队需要有敏锐的市场意识，具有较强的创建精神和开拓意识。管理与服务团队负责非学历教育项目的教学教务、技术支撑、公共服务、后勤支持等工作。教师团队负责非学历教育的教学实施工作，以兼职为主，通常是由学校教师、行业企业精英共同组成的松散组织。

非学历教育从业人员应具备三方面的基本素养。一是教育情怀。非学历教育具有教育公益属性，遵从教育基本规律，以人才培养为核心。从事非学历教育的一个基本要求就是需要有教育情怀，具有为教育事业做贡献的精神。只有这样，才不会使非学历教育偏离教育的方向，偏离人才培养的目标。二是市场意识。非学历教育的市场属性，使得非学历教育从业者需要有市场意识。只有具备了较强的市场意识，才能够敏锐地发现非学历教育市场、服务非学历教育市场，获得市场收益，使得继续教育机构得以生存和发展，也能使得从业人员自身因此而获得良好的生存和发展机会。三是终身学习意识。非学历教育作为终身教育体系的核心构成，其从业者自身应该是终身教育的受益者，也应该是终身学习者，也只有这样，才能以身作则，才能真正做好终身学习的引领者。

2. 推行项目负责制

项目负责制是指按照项目类别，将非学历教育项目通过选聘、竞标或委托方式付给项目负责人运营。由项目负责人组建团队，负责整个项目的组织与管理工作，并对项目的盈亏承担责任。教育机构主要负责项目的监督和控制，建立相关管理制度和奖励办法。

项目负责制的设计应基于非学历教育发展战略和规划，以及现有非学历教育项目的办学规模、项目集合度、现有从业人员的情况，对非学历教育项目进行分类，实施模块化的项目运营。比如，将非学历教育机构按业务类别，分为干部培训、企业培训、在线培训等业务板块，每个板块由一个或多个项目团队负责运营，独立核算、自负盈亏。

由于项目负责制是针对某一个或某一类项目的整体运营，能够实现项目运营的专业化和一体化，能够使招生、教学、服务基于项目进行一体化设计，从而能够将某一个或某一类项目做深、做细、做专。同时，项目负责制实施的是项目的独立运营和独立核算，项目团队有较大的财务控制权，能够通过控制成本，将项目效益最大化，最大限度地调动团队成员的积极性。

3. 建立绩效管理机制

绩效管理是以绩效实现为目标的一种管理方式，其目的在于通过上级与员工之间就岗位职责、工作业绩和员工发展进行持续的双向沟通，不断提高工作绩效，保持人力资源的活力和竞争力，确保个人、部门和企业绩效目标的实现。绩效考核是绩效管理的一个环节，是对员工行为实际效果及其对企业的贡献或价值进行的考核和评价。非学历教育的绩效考核，应基于非学历教育的教育特性与市场特性进行综合考虑。主要包括四个考核维度：一是经济效益维度。非学历教育的市场属性以及自负盈亏的运作模式，要求绩效考核必须有经济效益，经济效益是非学历教育的首要考核目标。二是社会贡献维度。非学历教育的教育属性，特别是其社会服务属性，要求开放大学在办学过程中获得经济收益的同时，也要服务社会，为社会做贡献。三是教育质量维度。非学历教育作为一种教育，以人才培养为核心，高质量的非学历教育人才培养是社会的要求，也是非学历教育机构自身可持续发展的内在需求，同时高质量的非学历教育办学，也有利于

156

非学历教育机构品牌的建立。四是教育服务维度。优质的教育服务是提升和保持非学历教育办学满意度、获得学习者认可、保障社会成员持续参加非学历教育的基本条件。

（三）扩容发展非学历教育

1. 全面发展社会教育

充分依托开放大学的社区教育与老年教育网络，全面发展社会教育是开放大学的应然之选。比如，广东开放大学在开放大学办学体系内，推动基层开放大学设立区域社区学院、老年大学、乡村振兴学院，全面发展社区教育、老年教育、乡村教育等；在办学体系外，推动社区教育、老年教育、乡村教育等办学网络建设，加强与相关部门的合作，整合利用文旅、新时代文明实践、农业农村领域资源，推动办学网络下沉到乡镇、延伸到村居。为进一步扩大社区教育、老年教育供给，进一步增强乡村教育实用性，进一步提高职业培训效能广东开放大学需要从两个方面着手：一是建设一批社区教育示范基地、老年大学示范校。提质推广"混合多元、学养结合"的老年教育模式，结合多层次养老服务体系建设，促进老年教育"养、医、为、教、学"的有机结合，建成省级老年教育示范校，打造全国老年教育示范基地。二是实施"优质教育资源进社区"行动，依托办学网络和公共学习平台，推动优质资源向社区教育、老年教育领域延伸，努力将广东终身学习网建成汇聚各类优质学习资源、面向全体社会成员的全媒体终身学习公共服务平台。

2. 积极发展职业培训

开放大学以在职人员为主体，充分利用开放大学的优势，立足在职人员的职业需求，开展职业培训，建构面向在职人员的终身职业培训体系。这将为开放大学带来更大的发展空间。开放大学的职业培训应立足技能型社会建设，以深化供给侧结构性改革为主线，以建构终身职业培训体系为目标，大力开展企业职工岗位技能提升培训、强化重点群体就业技能培训、加强创业培训和新业态新模式从业人员技能培训；应优化完善职业培训体制机制，用好用足国家和省级的政策，将培训服务课时量和培训成效作为教师工作绩效考核的重要内容。通过建立健全职业培训管理与绩效考核制度和加大职业培训的资源配置与资金投入，建立职业培训师资队伍，建设职业培训师资库；建设职业培训项目体系以及职业培训规范流程，拓宽职业培训业务范围；充分利用省级示范性职工培训基地建设、示范性继续教育基地建设、职业培训典型项目建设等打造职业培训品牌；发挥开放大学在线教育优势，积极发展在线职业培训。开放大学应充分利用自身的体系优势、资源优势以及校企合作优势，推动职业培训快步发展，积极探索开放大学体系职业培训联盟的建立，推进开放大学体系的职业培训发展。

3. 大力发展在线培训

发展在线培训首先要开展在线培训的市场调研，了解将要开展的在线培训是红海市场，还是蓝海市场，以及市场竞争程度，然后基于市场调研进行在线培训的领域分析与层次分析，并基于此确定需要开展的在线培训项目。

在线培训需要进行业务规划，一是要基于已有的面授培训业务向网络上延伸，开展在线培训项目，因为这相对更容易。二是要基于国家政策的方向引领开展在线培训，比如，《教育信息化2.0》出台后，开展面向教师与学生信息技能提升的在线培训时可得到学校用户的支持。三是要采取分期、分步的方式布局在线培训。比如，在在线培训队伍实力较强的情况下，第一期业务可以同步开展市民终身学习在线教育、老年在线培训、社区在线培训等，各模块之间的内容可以共享；第二期业务可以开展企业在线培训、技能在线培训以及干部在线培训等。

在线培训的运营主要有两种模式：自运营模式与平台合作模式。一是自运营模式，教育机构将自身所建设的在线培训资源布局在自己的学习平台上，通过各类营销推广手段，促进学习者在学习平台上学习。该运营模式的自主性强，适用于本来已有大批潜在客户的机构或教育机构品牌和声誉较知名的机构，不过最大的挑战在于如何吸引用户前来学习。二是合作运营模式，是指教育机构或个人将自身建设的在线培训资源布局在公共服务平台，搭乘公共服务平台的整体营销推广快车来吸引用户购买在线培训课程。合作运营模式下教育机构或个人的盈利来源于平台课程的利润分成。该模式适用于自身有优质的在线培训资源，但是自身的实力不足以独立运营在线培训项目的继续教育机构。

第二节　建构终身一体的学习体系

开放大学对学历教育与非学历教育进行规划时，首先应该正视两者面临的挑战，采取两翼并举策略，坚持两者并重、并举、融合的政策取向，同时也要充分认识到两者的差异性，从终身学习体系建构的视角消解两者的差异，实现两者的融通一体。具体来说，就是开放大学要建构一体化的课程体系，打造一体化的项目体系，实施一体化的课程教学，建构一体化的学习成果系统。

一、建构一体化的课程体系

开放大学以课程为单元，基于知识图谱，建立课程知识的关联和一体化课程库；以学分银行为桥梁，建构融学历教育与非学历教育为一体的终身学习课程体系。为实现学历与非学历教育课程体系的整合，需要建立积件式课程体系建构模式。所谓积件式课程体系是指将学历教育与非学历教育的课程整合在一起形成一个课程库，实现两者课程体系的一体化。一门课程就是一个积件（元件），学历教育与非学历教育项目的形成来自课程库中课程的有机组合，开放大学可以利用课程库，设计开发多类型、多层次的继续教育项目。同时，开放大学可以根据社会的需要或新项目的开发不断增加、更新课程库中的课程。这种整合了学历教育与非学历教育课程的课程库，不仅能够大大丰富高校继续教育的课程资源，还能为学历教育与非学历教育项目之间的资源共享奠定基础。学历教育与非学历教育课程体系的整合，一是取决于学历教育与非学历教育课程之间的有机衔接——学分是实现两者衔接的纽带和基础，为此，开放大学应实行完全学分制，打通学历教育与非学历教育课程之间的隔阂，以学分为媒介，通过学习成果的认定与转换，实现学历教育与非学历教育的学习成果（如课程成绩）

的互认。二是取决于学历教育与非学历教育课程资源的数字化程度，目前来说，最容易共享的教学资源是数字化教学资源。开放教育的教学资源已基本实现数字化、网络化，而非学历教育资源的数字化尚处于初级阶段。近两年，新型冠状病毒感染疫情推动了非学历教育的网络化，非学历教育课程的数字化资源也将越来越多。因此，学历教育与非学历教育基于课程的融通也将越来越容易。

在实现学历教育与非学历教育课程体系的"和"的同时，还需要充分认识到学历教育与非学历教育课程的不同，既要一体化管理，又要区别化对待。具体来说，一是当非学历教育课程用于学历教育时，需要充分考虑非学历教育相对碎片化的教学内容能否满足学历教育课程的需求，是否需要建设补充性的学习资源，当多门非学历教育课程组合时，需要注重多门课程之间的衔接性资源建设；二是当学历教育课程用于非学历教育时，需要充分考虑学历教育课程的适用性，而不是直接进行搬用，需要对学历教育课程进行充分评估，然后研究与采取改造策略等。

二、打造一体化的项目体系

基于一体化的终身学习课程体系，可以通过课程之间的有机组合，形成一体化的终身学习项目体系，实现各类学历教育与非学历教育项目的相互融通。

首先是单科课程证书项目。终身学习课程库中的每一门课程都可成为单科课程证书项目。学习者从终身学习课程库中选修学历教育或非学历教育的某门课程，通过考核获得单科课程证书。

其次是资格证书项目。基于职业资格证书或技术技能资格证书培训要求，从终身学习课程库中选取若干学历教育或非学历教育课程，组合形成职业资格证书或技术技能资格证书培训项目。对于课程库中缺乏的课程，开放大学可以再补充入库，比如"1＋X"证书制度中的"X"就属于这类项目。

再次是培训证书项目。开放大学基于培训证书项目要求，从终身学习课程库中选取相关课程组合形成培训项目，通过组织实施培训项目教学，完成项目培训。开放大学的非学历教育培训项目，大多归类于此。

最后是学历证书项目。开放大学基于终身学习课程库，形成不同层次的专业课程体系，通过制订人才培养方案，实施学历教育教学，完成学历教育教学任务。

三、实施一体化的课程教学

以课程为基点，建构学历教育与非学历教育一体化的教学体系建构有其可行性。一体化的教学体系有利于课程资源、教师资源、教学条件与设施设备的最大限度地共享，也能实质性地促进学历教育与非学历教育的融合。

然而，学历教育与非学历教育在学习对象、学习需求、教学方式、学习目标等方面存在较大差异。平衡两者差异的最好办法仍然是采取"和而不同"的策略，即基于课程教学目标，结合学习者（学历教育或非学历教育学习者）个体或群体特点，组织实施个性化的课程教学。

四、建构一体化的学习成果体系

开放大学通过整合学历教育与非学历教育项目，可以将课程证书、资格证书、培训证书和学历证书等统一起来，形成一个多层次、多类型的阶梯式学习成果证书系统，从而可以满足学生多样化的证书需求。比如，学生如果完成一门课程的学习，就可以获得单科课程证书；如果通过几门课程或一个模块课程的学习，就可以获得某个项目的培训证书；如果完成某一专门技能的全部课程学习，就能获得某个技术技能的资格证书；如果完成专业教学计划所规定的全部课程，达到学历教育专业的毕业要求，就可以获得学历证书。

依托终身教育学分银行，可以实现课程学习成果（学分）的相互转换。学习者基于其学习成果积累的多少，可以兑换不同层级的证书。学历教育的学习者可以基于学习成果转换规则，用学历教育的课程学习成果兑换资格证书的课程学分，达到条件后可同时获得技术技能等资格证书。非学历教育的职业资格证书获得者，也可以用自身的职业资格证书的学习成果兑换学历教育的课程学分，再通过一定课程的学习，就能够获得学历教育的毕业证书，甚至学位证书。

第三节 建设终身一体的学习平台

学历教育与非学历教育两翼并举，建构融通一体的终身学习体系，需要终身一体的学习平台做支撑。终身一体的学习平台是指能够支撑学历教育与非学历教育，服务全体社会公民终身学习的在线学习平台。

一、建设终身一体的学习平台的必要性

建设终身一体的学习平台是实现学历教育与非学历教育协同一体的基本条件。终身一体的学习平台包括平台的"终身化"与"一体化"两方面的内涵。

（一）学习平台终身化的必要性

学习平台终身化是指在线学习平台为学习者的终身学习提供服务。其必要性主要有三点。

一是从社会发展看，服务和推进终身学习是每一所教育机构的职责，是顺应国家终身教育体系建构、学习型社会建设的需要。同时，通过在线学习平台为学习者提供终身学习服务，更为便捷、更易实现，也更容易面向大规模的终身学习群体。二是从教育机构自身发展看，开放大学基于自身的学科领域，建构终身化的在线学习平台，为在校和离校的学习者提供终身学习服务，是其拓展非学历教育业务、延展其生存空间的重要举措。开放大学通过建设终身化的在线学习平台，能够使学习者"毕业不离校"，从而更好地维护"校友"生源。三是从学习管理看，开放大学通过建立终身学习账户，可以实现学习者学习记录、学习成果的终身化，实现

各个阶段学习数据的无缝衔接。

（二）学习平台一体化的必要性

学习平台一体化的优势是很明显的。一是就开放大学自身来说，能够基于学习平台，促进各类教学资源、教师资源、学生资源、学习成果的一体化，通过资源的开放共享，节省资源建设成本，提高教学管理效率。二是就开放大学体系来说，可以实现体系内各类教育的优势互补、资源共享、教学协同与共同发展，为学习者提供更为广泛的学习空间。三是国家大力推进的终身教育资历框架与学分银行建设，能够为各类教育的融通、各类学习成果的互认提供标准与条件，是在线学习平台一体化的"强心针"与催化剂。

二、建设终身一体的学习平台的挑战

基于学历教育与非学历教育的差异性，建构融学历教育与非学历教育为一体的终身学习平台并非易事，面临诸多挑战。

（一）功能需求的差异性

1. 教学功能需求的差异性

各类学历教育与非学历教育的教学功能需求存在较大差异。对于开放教育而言，需要有完整的网络课程教学功能，如提供资源、举办活动、辅导、评测等；对于培训教育而言，主要需要提供资源、举办活动、辅导；对于职业教育而言，不仅需要基本的网络课程教学功能，更需要虚拟实验实训功能；对于在线培训而言，需要有更为人性化的学员服务功能，同时还需要实现网上收费功能等；对于社区教育与老年教育而言，学习平台的功能界面需要更简洁、便捷，特别是老年教育更需要基于老年人的网络阅读习惯，在内容展示等方面做更多适应老年人的优化，如字体更大、界面布局更宽松等。由此可见，不同教育类型在学习平台上所需呈现的教学功能差异显著。

2. 学习功能需求的差异性

不同类型学习者的学习功能需求的差异性来源于学习者构成的复杂性。终身一体的学习平台需要涵盖不同年龄阶段的学习者。不同年龄段学习者的学习风格各异，学习习惯差异大，基础和条件差异大，这就需要学习平台具有广泛的包容性与开放性。包容性表现在学习平台能适应各类学习者的需要，如适应老年学习者的需要，提供相对宽松的平台内容布局、更为多样的平台使用服务；适应年轻学习者的需要，提供更为时尚的媒体资源和多样的平台交互方式等。同时，为适应各类学习者的学习需要，开放大学设置泛在化、移动化的学习平台功能布局也是应然之选。

（二）教学实施的复杂性

学历教育与非学历教育教学实施的复杂性主要体现在教师来源的多样性上。如开放教育教师分为责任教师、主讲教师和辅导教师，各类教师分别分布于总部和分部，又各自有主管和所属的教育机构。有些教师是长期稳定的专职教师，有些教师是临时聘用的兼职教师。这就需要终身学习平台实现精密、精细的功能设定与权限划分，满足各类教师的教学功能需求，以及各级机构对自身教师的管理需求，同时也要保障学习平台的课程与数据安全。对于培训教育的教师而言，由于采取扁平化办学，一位教师身兼数职，但其功能的设定和划分则相对简单。为此，开放大学需要梳理各类教育、各类教师的职责与功能，寻找各类教育共性的功能，同时兼顾各类教育个性化的教师职能。

（三）管理模式的多样性

学历教育与非学历教育在管理模式上是多种多样的，一体化的终身学习平台需要具有较大的包容性，并能够兼容各类教育的差异。例如，开放教育实行层级化管理，总部实行统筹化的全面管理，各基层开放大学实行对自身学习者的管理，即解决"自家孩子自家抱"的问题；而培训教育通常实施扁平化管理，能够直接对教师和学习者进行管理；老年教育与社区教育则实施相对独立的管理，总部与各基层开放大学相对独立运行。为此，学习平台需要适应层级化、扁平化及独立化教学管理的功能。

（四）系统数据的复杂性

目前，各类学习平台的数据各自为政、相互隔离。系统数据的复杂性，一是体现在用户数据的复杂性，包括各类教育的教师用户、学习者用户与管理者用户，每种用户都有其数据类型与数据特点。二是体现在教学过程数据的复杂性，由于各类教育的教学流程不同、教学要求不同，导致各类教育教学的数据类型、数据项与数据收集点差异较大。三是体现在教学成果数据的复杂性，包括学习成果数据、教学成果数据等。四是系统数据的安全性，每种教育形式都需要保护自身的核心资源与利益，其中教师与学生的数据资源就是其最重要的资产，如何实现各平台利益保护下的数据共享，是一个复杂的机制设计问题。

三、建设终身一体的学习平台的方法

（一）采取"和而不同"的建构理念

在充分考虑终身一体的学习平台建设所面临的挑战的情况下，应采取"和而不同"的建构理念。一是要充分利用各类在线教学的共性，最大限度地实现各类教育的教师资源、学生资源、教学资源、教学实施与学习成果的融通一体；实现各类教育教学数据的互联互通，促进各类学习者的跨界学习与顺畅流动；实现各类教育的"和"。二是要充分满足各类教育在线教学的个性化需求，以及各类教育机构自身利益的诉求，以实现各类教育的"不同"。对于开放教育的学历教育，需要满足体系内不同层级、不同类型教师和教学管理人员在线教学与管理的需要，如开放教育教学管理人员分为学校层面的管理人员、学院层面的管理人员、基层分校层面的管理人员等不同层级，开放教育的教师有责任教师、主讲教师、辅导教师等不同类型。同时，系统还需要完整呈现在线教学内容与教学过程等，因此开放教育的课程功能与课程界面相对复杂。而对于非学历教育的在线培训，基于其"短平快"特点，其教学内容相对单一、教学过程相对简单，但面向学习者的服务要求更高。

（二）采取"1＋N"的建构模式

"1＋N"的模块建构是践行"和而不同"的建构理念，其中"1"代表各类教育的通用性、公共性功能，体现各类教育的"和"。"N"代表各类教育专有性、个性化功能，"N"可以无限多样，体现各类教育的"不同"。基于通用性与专有性功能模块的组合，能够满足不同教育类型的在线教学需要。"1＋N"模块建构也可以实现各类教育的无限叠加，以及在线学习平台功能的无限延展。

基于用户角色梳理在线学习平台的通用性与专有性功能，能够体现以用户为中心的教学理念。为此，可以基于教师、学习者与管理者角色建构教师空间、学习者空间和管理者空间，每个空间都是通用性与专用性功能的集合。

1."1"的模块建构

教师空间的"1"模块是基于各类教师的通用性、公共性功能应用的集合，旨在促进教师教学与专业发展。教师空间的"1"模块功能的建构，应以教师的教学应用为中心，以教师的教学实施为重点，兼顾教师的专业发展，实现教师的资源制作、教师备课、教学实施、教师教研等功能，满足教师时时处处的教学需要。因此，"1"模块主要包括教学资讯、用户管理、资源管理、教学实施、教学发展、教师档案、数据统计与分析等。

学习者空间的"1"模块是基于各类学习者的通用性、公共性功能应用的集合，旨在实现学习者终身学习。学习者空间的"1"模块功能的建构，应以学习者为中心，为学习者建构一个更自由、更智慧、更快乐的自主学习空间，使得学习者想学、乐学。学习者"1"模块主要包括学习资讯、课程学习、在线测评、能力拓展、公共交互、个人档案、数据统计与分析等。

管理者空间的"1"模块是基于各类管理者通用性、公共性功能应用的集合，旨在促进管理者的在线管理与监控。管理者空间的"1"模块功能的建构，应立足于教学与管理深度融合的理念，实现对在线教学的全过程、全流程的数据监控与管理。在线教学管理涵盖教师的教学前端、教学

166

过程、教学评价，学习者的学习过程、学习记录、学习成果等，旨在通过对教师教学数据、学习者学习数据以及过程数据的分析，为教师提高教学质量、学习者改进学习提供科学的依据和建议。"1"模块主要包括信息管理、用户管理、教学监管、在线考试、数据统计与分析等。

2. 专用性模块的建构

专用性功能模块是基于各类教育的在线教学需要，增加个性化的功能模块。比如广东开放大学，其开放教育采取层级化在线教学模式，教师分为总部的责任教师、主讲教师和分部的辅导教师，各自的教学功能区隔明显。学习者管理也主要采取"自家孩子自家抱"模式，各分部的学习者主要由分部教师提供教学辅导。这就需要将教师空间、学习者空间与管理者空间的功能进行层级化细分和个性化功能设计，在通用性教师空间上增加分部的辅导教师空间、分部的管理者空间等。其高职教育采取扁平化在线教学模式，教师、学习者与管理者的功能基本可采用通用性功能模块的形式，但是因为高职教育强调实验实训环节，为此增加虚拟实验实训功能模块就十分必要。

（三）采取"三维"体系的学习平台框架

一体化终身学习平台的"三维"体系框架是指从教学应用、网络安全和数据标准三个维度进行建构，包括教学应用体系、网络安全体系、数据标准体系三大体系，具体内容如图9-1所示。

一是建设在线教学应用体系。即以在线教学应用为目标与主线，分别建构终端层、用户层、应用系统层、数据系统层与智慧支撑层。在终端层，解决的是用户使用不同学习终端都能够登陆终身一体的在线学习平台，且内容自适应显示的问题；在用户层，解决的是终身一体在线学习平台通过统一门户认证智能识别用户角色与教育类型，基于用户所属教育类型，分别进入各自所属的学习者空间、教师空间或管理者空间的问题；在应用系统层，解决的是不同角色进入不同的空间，包括学习者空间、教师空间、管理者空间，能够分配不同功能模块的使用权限问题；在数据系统层，解决的是基于"一数一源、数入一库、数出一门"原则，提供集各类用户与角色的个人信息、资源数据、教学数据、服务数据、过程数据等为一体的大数据系统，支撑数据的智能挖掘与统计分析；在智慧支撑层，解决的是对各类应用的智慧支撑，包括用户的智能识别、资源的智能融通、教学的智能统分、服务的智能定制、数据的智能挖掘等。

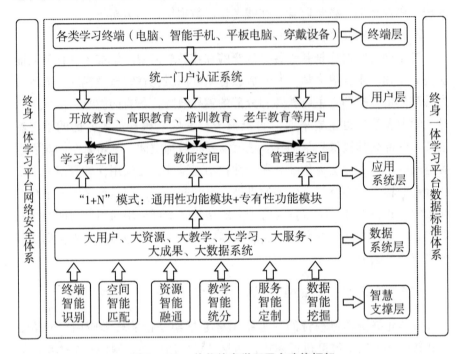

图9-1 一体化终身学习平台建构框架

其次是建设网络安全体系。采取"网络隔离""攻击防护""传输安全"等手段抵御在线学习平台网络可能遭受的各种类型的 DoS 攻击，应对用户数据遭受窃听或篡改等安全威胁；通过子网划分、网络隔离手段实现计算、存储、管理、接入等方面的安全保障。

最后是建设数据标准体系。通过建立统一门户认证系统的数据标准，方便数据的统一认证、单点登录，实现用户账户管理与授权服务的集成；通过建立各类教学数据的格式与标准，方便数据的衔接，特别是要与学分银行的数据标准统一，以便实现各类教育数据的融通与学习成果的相互转换。（曾祥跃、缪玲，2020）

四、建设终身一体学习平台的路径

（一）优先建设服务自身的在线学习平台

当前，开放大学既有学历教育的在线学习平台，也有非学历教育的在线学习平台。由于两者在教学运行上的差异，真正实现学历教育与非学历教育一体化的学习平台尚不多见，也并非易事。一体化的在线学习平台不仅需要满足学历教育与非学历教育教学运行的需要，更需要在体制机制上进行突破，通过实行完全学分制，促进两者在在线学习平台上的互联互通。开放大学通过建构服务自身的在线学习平台，可以实现学历教育与非学历教育的一体化，特别是能够面向自身学习者（含毕业学生）提供终身学习服务。

（二）布局建设服务全民的在线学习平台

《国家开放大学综合改革方案》提出要依靠 5G、人工智能、虚拟现实、区块链、大数据、云计算等新技术，加快建设服务全民终身学习的在线教育平台。然而，建设服务全民终身学习的学习平台的前景并不乐观。一是从当前各开放大学主导的终身学习网来说，终身学习网存在各校分散建设、学习资源不多、平台人气不足、平台知名度不高等诸多问题。二是从当前运行的公共服务平台来说，爱课程网、学堂在线、好大学在线等公共服务平台上具有丰富而优质的各类在线课程，平台的访问量和知名度远远超过当前正在运行的各开放大学终身学习网，而且这些公共服务平台通过资源的布局，很容易被打造成为服务全民终身学习的平台。那么，由开放大学主导的服务全民终身学习的平台，是否有能力与这些公共服务平台竞争？是否也能布局优质而丰富的终身学习资源？

服务全民的在线学习平台建设，可以以开放大学自身的在线学习平台为基础，采取合纵连横策略，与各级各类公共服务平台联合，与各级开放大学体系联合，与各级各类教育机构联合，通过资源的共建共享，做大做强终身学习平台的资源；服务全民的终身学习系统的建设，需要充分利用政府对终身学习的政策支持，促进和引导全民在学习平台上终身学习，只有这样，才能真正建成名副其实的服务全民终身学习的在线学习平台。

第十章　互惠共生：终身教育学分银行建设

实现各级各类教育的融通一体是建构终身教育体系的前提条件。资历框架建设能够为各级各类教育提供沟通衔接的标准与质量保障，学分银行建设则能为各级各类教育提供沟通衔接的桥梁与通道，使得各级各类教育学习成果的认定、积累、互换成为可能。

第一节　学分银行建设概述

一、学分银行建设的政策脉络

自 2010 年《国家中长期教育改革和发展规划纲要（2010—2020 年）》提出建立"学分银行"制度以来，国家陆续出台了学分银行建设的相关政策文件：《国务院办公厅关于开展国家教育体制改革试点的通知》（国办发〔2010〕48 号）提出，探索开放大学建设模式，建立学习成果认证和学分银行制度；2016 年，《教育部关于推进高等教育学分认定和转换工作的意见》（教改〔2016〕3 号）提出，探索建立国家学分银行，构建分级认证服务网络，对学习者不同形式的学习成果及学分进行认定、记录和存储；2017 年，《国家教育事业"十三五"发展规划》明确指出，"完善学习成果认证制度""推进国家学分银行建设""建立面向全民的终身学习成果认证、积累与转换公共服务平台"；2019 年，《国家职业教育改革实施方案》（国发〔2019〕4 号）提出，加快推进职业教育国家学分银行建设；《中国教育现代化 2035》提出，"建立国家资历框架，建立健全国家学分银行制度和学习成果认证制度"。2020 年，中共中央、国务院印发了《深化新时代教育评价改革总体方案》，提出探索建立学分银行制度。

二、学分银行建设的时间进程

虽然我国迄今尚未成立国家层面的终身教育学分银行，但是各省市及国家开放大学已经先后成立了 24 家学分银行，开展学分银行试点、建设工作。国家开放大学于 2012 年 1 月 10 日成立国家开放大学学分银行管理办公室（学分认证中心），时任副校长李林曙担任主任。除国家开放大学外，23 个省、自治区、直辖市的学分银行中，有 16 家已获得省级教育厅发文批准。由于缺乏国家层面的体制机制引领和规范，各省对学分银行建设的重视程度不一、建设进度不一。同时，各省学分银行的名称也差异显著，大部分省市的学分银行名称冠以"××省终身教育学分银行"，如广东省终身教育学分银行；也有部分省市直接冠以"××省（市）学分银行"，如云南省学分银行、北京市学分银行等。国家开放大学及各省市学分银行建设情况见表 10 - 1。

表 10 - 1　各省市学分银行建设情况

序号	学分银行名称	批准文件	批准部门
1	上海市终身教育学分银行	《上海市教育委员会关于成立上海市终身教育学分银行的通知》（沪教委终〔2012〕6 号）	上海市教委
2	江苏省终身教育学分银行	《江苏省终身教育学分银行管理暂行办法》（苏教规〔2021〕2 号）	江苏省教育厅
3	云南省学分银行	《云南省教育厅关于成立云南省学分银行的通知》（云教高〔2013〕78 号）	云南省教育厅

续表 10 - 1

序号	学分银行名称	批准文件	批准部门
4	广东终身教育学分银行	《广东省教育厅关于成立广东终身教育学分银行管理委员会的通知》（粤教高函〔2014〕192 号）	广东省教育厅
5	浙江省终身教育学分银行	《浙江省教育厅关于成立浙江省终身教育学分银行的通知》（浙教高教〔2015〕5 号）	浙江省教育厅
6	河南省终身教育学分银行	《河南省教育厅关于成立河南省终身教育学分银行的通知》（教高〔2016〕256 号）	河南省教育厅
7	四川省终身教育学分银行	《四川省教育厅关于成立四川省终身教育学分银行的通知》（川教函〔2016〕522 号）	四川省教育厅
8	湖北省终身教育学分银行	《省教育厅关于成立湖北省终身教育学分银行的批复》（鄂教高函〔2016〕25 号）	湖北省教育厅
9	福建省终身教育学分银行	《关于成立福建省终身教育学分银行的通知》（闽教职成〔2018〕30 号）	福建省教育厅
10	黑龙江学分银行	《关于推进黑龙江省学习成果互认的相关工作》（黑高教函〔2018〕2 号）	黑龙江省教育厅
11	北京市学分银行	《北京市教育委员会关于同意在北京开放大学设立北京市学分银行管理中心的批复》（京教函〔2019〕494 号）	北京市教委
12	甘肃省终身教育学分银行	《甘肃省教育厅关于成立甘肃省终身教育学分银行管理中心的批复》（甘教高〔2020〕4 号）	甘肃省教育厅
13	安徽省终身教育学分银行	《安徽省教育厅关于成立安徽省终身教育学分银行的通知》（皖教高〔2020〕8 号）	安徽省教育厅
14	重庆市终身学习学分银行	《重庆市教育委员会关于加快建设终身学习学分银行及服务体系的意见》（渝教发〔2018〕9 号）	重庆市教委

续表 10-1

序号	学分银行名称	批准文件	批准部门
15	辽宁省学分银行	《辽宁省教育厅办公室关于成立辽宁省学分银行的通知》（辽教办发〔2021〕7号）	辽宁省教育厅
16	宁夏终身教育学分银行	《自治区教育厅关于成立"宁夏终身教育学分银行"的通知》（宁教职成〔2021〕211号）	宁夏回族自治区教育厅

另外，还有7个省（直辖市、自治区）虽然没有教育行政部门的正式发文，但是通过试点或省级开放大学学分银行的名义正在实质性地运行。这些学分银行分别为：湖南省终身教育学分银行、贵州省终身教育学分银行、河北省终身教育学分银行、陕西高等继续教育学分银行、江西开放大学学分银行、广西开放大学学分银行、吉林开放大学学分银行。

三、学分银行建设的基本内容

1. 体制机制建设

各学分银行基本建立了相对完善的体制机制，以保障学分银行的运行。大部分学分银行依托开放大学（广播电视大学）成立了学分银行管理中心（管理办公室）。但是，各个学分银行的运行机制也存在较大差异。例如，国家开放大学学分银行成立了学分银行管理办公室（学分认证中心），以及学分银行建设工作领导小组；上海市终身教育学分银行成立了学分银行管理委员会，负责学分银行的宏观决策与规划，同时成立了专家咨询委员会，负责提供咨询指导，还成立了作为运行部门的学分银行管理中心，设立在上海开放大学；北京市终身教育学分银行成立了北京市学分银行管理中心，由北京市教育委员会指导，北京市学分银行建设被列入北京市的市政府重点工作任务；江苏省终身教育学分银行成立了学分银行管理委员会和专家委员会，组建了省内学分银行合作联盟。

广东终身教育学分银行建设领导体制被纳入广东省教育体制改革领导小组统筹协调范围，形成高效率的管理与运行机制，学分银行管理委员会由广东省直6委厅2院6校共14个单位组成，广东省教育厅主要负责人担任主任，广东省教育厅、广东省人力资源和社会保障厅分管负责人和广东开放大学校长担任副主任；成立高水平专家团队，专家委员会由境内外21名知名专家组成；学分银行管理中心挂靠广东开放大学；广东省政府安排专项经费用于学分银行建设。

2. 服务体系建设

终身教育学分银行以学习成果的认证、积累与转换为核心功能，服务全民终身学习。学分银行服务体系建设是学分银行功能实现的重要保障。为此，各级学分银行都很重视学分银行服务体系的建设。

国家开放大学搭建了42家由行业（企业）、院校组成的学习成果互认联盟，引入学习成果317个，联合18个行业开发应用于学习成果转换的认证标准（单元）1473个，可实现34种非学历证书与学校本科和专科层次29个专业课程间的转换。

北京市终身教育学分银行成立了学分银行联盟，联盟单位由37家单位组成，包括18家北京开放大学各区的分校、19家职业院校和独立设置成人高校。

广东省终身教育学分银行在全省普通高校和广东开放大学系统共建设了109个服务点。各服务点为所在区域社会成员开展政策解读、学分认定和转换等工作。

上海市终身教育学分银行服务体系包括学分银行分部和学分银行服务网点，共有19个以上海市行政区划区分的分部，并在上海市高等学校的继续教育学院建设了68个高校网点。

浙江省终身教育学分银行建设了11家学分银行分部、100家学分银行分中心，实现了市级分部和县级分中心100%全覆盖；还建设了学分银行受理点1901个，形成了遍布城乡的学分银行受理点网络。

四、学分银行的信息平台建设

学习成果的认定、积累与转换离不开信息平台的支持，为此，各个学分银行均很重视学分银行的信息平台建设。

国家开放大学开发了职业教育国家学分银行信息平台和职业技能等级

证书信息管理服务平台，形成了以学习成果认定、区块链技术应用为核心的质量保证体系。

北京市学分银行管理平台与新京学网进行一体化建设，并对接北京通、北京市教育云、北京市教育大数据平台。

江苏省教育厅委托江苏开放大学利用现代网络技术构建江苏省终身教育学分银行网络服务平台，并负责日常运行与维护，服务江苏省所有学习者的学习成果的认证、积累和转换。

广东终身教育学分银行初步建成国内首个基于资历框架的学分银行信息管理平台，集管理、服务、协同工作功能于一体，为各级各类学习成果的认定和转换提供了技术支撑。

第二节　学分银行建设存在的问题

近年来，我国的学分银行取得了有目共睹的长足发展，但同时也面临着一些难以解决的问题，制约着学分银行的发展。

一、学分银行建设缺乏统筹引领

当前，国家层面的学分银行尚未建立，这为学分银行相关工作的推进带来了现实困难。一是缺乏统筹规划，由于国家层面没有出台统一的学分银行发展规划、实施意见及运行管理标准，各学分银行的工作开展各自为政，造成了学分银行信息平台的重复建设，各学分银行的终身学习档案数据难以互通共享。二是发展良莠不齐，由于缺乏国家层面的学分银行的政策引领和宏观指导，各级政府部门对学分银行的重视程度差异较大，使得部分省份的学分银行建设进度快、发展好，但部分省份的学分银行还未能启动。总的来说，东部地区的学分银行发展程度相对优于其他地区，经济发展活跃、人口流动频繁地区的学分银行的发展更受政府重视。三是缺乏政策引领，由于缺乏国家层面的学分银行的政策引领，各地学分银行存在主办主体不够清晰、体制机制尚未健全、政府推动不力等问题。四是缺乏稳定的经费支持，由于政府部门缺乏专门的政策引领，地方学分银行缺乏稳定的经费支持，在财政相对宽裕的省份，如广东省，地方政府可以从其经费中拨出部分费用，以维持学分银行的运行，但是对于地方财政状况比较困难的省份，则难以有基本的经费维持学分银行的运行。

二、学分银行建设缺乏相关法律法规保障

由于国家层面的学分银行尚未建立，国家层面缺乏学分银行相关的法律法规。目前，在学分银行建设的探索实践过程中，涉及学分银行建设的许多根本性重大问题，均缺乏权威性和强制性的法律制度来支持和保障其有效运作。国家层面的法律法规欠缺，导致各级学分银行机构的成立及其业务工作的开展缺乏制度依据，因而学分银行在学习型社会中的权威地位和"立交桥"作用就难以得到充分发挥。

三、学分银行建设缺乏标准体系支撑

学分银行工作的开展需要标准先行，尽管各地方学分银行建立了部分学分银行标准，如学习成果的认定与转换的标准、终身学习档案的建设标准等，但是存在不权威、不统一、不系统等问题。一是不权威，学分银行标准体系建设应该从国家层面进行规划，即从国家资历框架等级标准入手，逐步建立行业能力标准、岗位能力标准等；然后基于资历框架等级标准，建立学习成果的认定与转换标准，只有这样，才能保证其较强的社会公信力。二是不统一，由于缺乏国家层面的学分银行的标准引领，各地所建立的学分银行标准未能统一，特别是在学习成果的认定与转换上，目前更是处于"物物交换"的初级阶段。三是不系统，由于地方学分银行的力量有限、投入有限，难以靠自身力量建立系统的学分银行标准，体系化的标准需要国家层面的学分银行的引领和规划。

四、学分银行建设受资历框架建设进程制约

资历框架是根据一定的标准和定义，将公民个人在任何时间和地点，通过规范的任何方式获得的知识、技能按层级分类描述并依法确定的一整套标准和措施（王立生，2020）。资历框架也称为学习成果框架，它是联结各级各类教育的枢纽，是学习成果认证的制度基础（陈丽 等，2013）。欧盟和香港的资历框架经过几十年的发展，已趋成熟。我国的学分银行对资历框架建设进行了积极探索，如广东终身教育学分银行率先发布了有7个等级的《广东终身教育资历框架等级标准》，是全国首个终身教育资历框架等级标准（李雪婵 等，2019）。国家开放大学研究制订了10个等级的《学习成果框架》（季欣，2019）。然而，我国在国家层面的资历框架起始于2016年的《国民经济和社会发展第十三个五年规划纲要》文件，起步较晚。当前，缺乏国家层面的资历框架等级标准，以及基于该等级标准的行业、专业、课程及认证单元标准。而这些标准的建设进程，也即资历框架体系的建设进程，直接制约着学习成果的认定，也就制约着学分银行的发展进程。

根据《教育部关于推进高等教育学分认定和转换工作的意见》对学分银行功能的描述："构建分级认证服务网络，对学习者不同形式学习成果及学分进行认定、记录和存储。建立个人学习账号，对学习成果进行原始记录并长期保存，为学分认定和转换提供服务。"学分银行功能定位并没有包含资历框架建设内容。也就是说，从当前学分银行的功能定位看，学分银行没有建设资历框架的职责与义务，则学分银行也就没有"身份"加快推进资历框架体系的建设进程。

五、学分银行利益相关方参与度不够

长期以来，学分银行建设存在着学分累积能力不济、学分转换需求不足（周晶晶 等，2016）、教育机构参与动力不足（杨晨，2012）、学习者参与主动性不够等问题。这些问题的存在，使得学分银行的真实活力难以

被激发出来，直接影响到学分银行的可持续发展。问题的原因在于利益相关方参与度不高，而问题的症结在于学分银行没能给其利益相关方带来足够的利好。

对于教育机构来说，学分银行的学习成果认定、存储与转换功能并不能带来太多实质性的利好，学习者转换自身学校的学分难以带来经济与声誉的提升，甚至可能是一种利益分流以及工作任务的增加。而教育机构最关注的招生、教学、质量、就业等方面，学分银行又使不上"力气"。为此，教育机构参与学分银行建设属于可有可无之事，即或教育行政部门通过政策文件强行要求教育机构参加，但其效果也可想而知。

对于学习者来说，学分银行的主要作用是认定、存储与转换学习成果与学分。由于目前的学习成果转换只能就低而不能攀高，只能转换较低层次机构的课程学分（吴钧，2011），对学习者吸引力不大。对于学习成果认定，主要是减轻学习者的学习负担，在当前课程学习难度普遍不高（特别是继续教育）的情况下，其吸引力有限。学分银行对于学习者最关注的就业与学习问题，则使不上"劲"。为此，学习者积极性不高，不主动加入学分银行也就情有可原。

对于用人单位来说，目前还没有进入学分银行的纳入范围，用人单位也就"事不关己、高高挂起"。其实，用人单位的参与对于学分银行来说非常重要。薛晶洁（2018）提出的将学分银行向工作领域延伸，构建四通八达的"交通枢纽"很有道理。用人单位的参与，能够促进学分银行中学习者的就业，能够对学习者加入学分银行产生很大吸引力。

为此，突破学分银行单纯服务学习者的应然职责，研究建立促进利益相关方积极参与学分银行的机制显得十分重要。

六、学分银行社会认可度急需提升

当前，社会公众对学分银行的认可度不高，主要是开放大学体系及相关研究机构对学分银行的关注度较高，而行业、企业、媒体以及社会公众对学分银行的关注度较少。

在当前资历框架体系尚未建设起来，国家层面的学习成果认定标准尚未出台的情况下，各级学分银行分别制定了自身的学习成果的认定与转换标准，如国家开放大学学分银行与 20 多个行业制定了上千个学习成果的认证标准，上海终身教育学分银行制定了 423 个非学历证书转换为学历教育课程学分的指导标准（薛晶洁，2018）。另外，还有一些学分银行的学习成果认定与转换采取课程内容或课程级别的比对，属于"物物交换"层次。这些地域性的学习成果认定标准只能在自身管辖范围内实施，缺乏全国范围内的权威性与公信力。基于这些标准所进行的学习成果认定结果，也就难以获得质量层面的共识。如果学习成果认定缺乏权威性，则不利于学分银行的业务推广，也直接影响着学分银行品牌与声誉的提升。因此，尽快出台国家层面的学习成果认定标准应为当务之急。

第三节　学分银行建设的定位与布局

我国在政策层面对终身教育学分银行建设寄予厚望，各省级学分银行以及国家开放大学学分银行也进行了积极的学分银行建设的实践探索。然而，我国尚没有成立国家层面的学分银行，也缺乏国家层面的学分银行战略规划。就当前终身教育学分银行存在的问题而言，我们需要重新思考终身教育学分银行的战略定位与服务布局。

一、学分银行的战略定位

（一）学分银行在资历框架体系中的地位

从资历框架体系的构成来看，资历框架体系建设包括资历框架的建设、推广与应用三个方面的内容。学分银行在资历框架体系建设中处于核心地位，其应作为资历框架体系的服务平台，为资历框架的建设、推广与应用提供服务，原因有以下三个方面。

1．学分银行是资历框架体系建设的核心力量

根据国务院在《国民经济和社会发展第十三个五年规划纲要》中对资历框架建设内容的解读，资历框架建设内容包括组建国家资历框架管理机构、发布国家资历框架、制定学习成果认证标准、建立国家资历框架认证平台、建设国家学习成果转化管理网、建设学习成果认证服务体系、建立学习者终身学习成果档案、推进学习成果互认等①。这些内容中，除了组建国家资历框架管理机构、发布国家资历框架、制定学习成果认证标准三项职能外，其他都是学分银行的本职。而在发布国家资历框架、制定学习成果认证标准方面，广东终身教育学分银行已率先研制并发布了全国首个地方性资历框架等级标准，国家开放大学学分银行则已制定了上千个学习成果认证标准。

2．资历框架体系建设是学分银行工作开展的基础

只有通过资历框架体系建设，形成资历框架等级与标准体系，才能使得学分银行的学习成果认定有章可循，才能使得学习成果的认定具有公信力。资历框架体系建设与学分银行有着天然的紧密联系，将资历框架体系建设纳入学分银行职能，可以实现学习成果标准与学习成果认定的一体化和无缝化。为此，李江（2014）将学分银行建设内容概括为组织架构建设、学习成果框架建设、标准体系建设、制度体系建设、信息平台建设和服务体系建设六个方面。学习成果资历框架建设是学分银行建设内容的一部分。

3．资历框架体系的推广与应用离不开学分银行

资历框架体系建设的目的是推广与应用，促进各级各类教育人才培养的一体化与标准化。资历框架体系的推广与应用，需要面向各级各类学习者、教育机构和企事业单位等。学分银行作为联结各级各类学习者、教育机构与企事业单位的枢纽和桥梁，其最有资格和能力承担资历框架体系的推广与应用工作。

---

① 参见《详解十三五：制定国家资历框架 建立认证平台》，见央广网（http://china.cnr.cn/ygxw/20160805/t20160805_522889677.shtml）。

（二）学分银行在资历框架体系中的作用

学分银行作为资历框架体系的服务平台，应是资历框架体系建设的主导者、资历框架体系推广的宣传者、资历框架体系应用的服务者。

在资历框架体系建设上，学分银行可以主导资历框架等级标准与质量保障体系的建设工作，引领行业企业与专家学者开展各级各类行业、课程、认证单元的标准建设工作等。可以主导成立由教育部联合人力资源和社会保障部、民政部、国家发展和改革委员会、工业和信息化部、财政部等多部门领导组成"国家资历框架建设领导小组"。（张伟远，2019）

在资历框架体系推广上，学分银行可以基于资历框架标准体系，面向学习者、教育机构、企事业单位进行宣传推广，使资历框架体系能够深入人心，深度融入各级各类教育。

在资历框架体系应用上，学分银行可以作为服务者，基于资历框架标准体系建构面向学习者、教育机构、企事业单位的服务平台，促进资历框架体系的应用。一是面向学习者，基于学习成果标准，指引学习者的学习，并为学习成果的认定、存储、转换与应用提供全面服务；二是面向教育机构，基于学习成果标准，促进教育机构的标准应用与学习成果转换；三是面向企事业单位，基于学习者在企事业单位的学习成果应用，获取学习成果的应用效果，检验学习成果标准的质量；四是面向教育行政部门，基于学习成果及其标准的应用，反馈学习成果的应用效果，为教育行政部门的教育决策提供服务。

（三）基于资历框架体系的学分银行战略定位

基于学分银行在资历框架体系中的定位与作用，结合学分银行存在的问题，学分银行应有这样的战略定位：学分银行作为资历框架体系的服务平台，旨在通过服务资历框架体系，将自身打造成为学习者成才就业的根据地、教育机构人才质量的检测地、企事业单位选人用人的首选地、教育行政部门教育决策的来源地，以促进自身的可持续发展、终身教育体系的建构与学习型社会的建成。

具体来说，在服务对象上，学分银行面向学习者、教育机构、企事业单位与教育行政部门等利益相关者提供全方位服务，通过使多方获益，促进学分银行可持续发展；在服务内容上，学分银行为学习成果的标准建设、生产、认定、存储、转换与应用提供服务，为教育行政部门的教育决策提供服务；在服务目标上，学分银行为人才培养、人才库建设、人才评价、人才推介、人才使用等环节提供服务。

二、学分银行的服务布局

基于学分银行的战略定位，学分银行可以构建"三位一体"的服务布局，即建构学习成果服务体系、人才成长服务体系、教育决策服务体系，打造以学分银行为中心的利益共同体。

（一）建构学习成果服务体系

基于自身的战略定位，学分银行可以以学习成果标准为核心，建构融学习成果标准、生产、认定、存储、转换、应用服务为一体的学习成果服务体系。

1. 学习成果标准服务

学习成果标准是学习成果生产、认定、存储、转换与应用的依据，是学分银行开展各项工作的基础和条件。学习成果标准服务包括学习成果标准的建设服务、推广服务、应用服务与维护服务等。学习成果标准服务是资历框架体系服务的一部分。

2. 学习成果生产服务

学习成果生产服务是指学分银行为学习者提供学习资讯服务、终身学习宣传服务、学习资源服务等，以促进学习者学习与深造，帮助学习者的学习成果产生。比如，广东开放大学是广东终身教育学分银行与广东省终身学习网的承办单位，因而应该利用广东省终身学习网的学习资源为学分银行学习者提供服务。

3. 学习成果认定服务

学习成果认定服务是学分银行的核心功能。学习成果认定的对象包括学历教育与非学历教育的学习成果、业绩成果、经历经验等。学习成果的认定服务内容包括学习成果认定机构的遴选与授权、监管与评价，学习成果认定的宣传与组织等。

4．学习成果存储服务

学习成果存储服务是学分银行的基本功能。学分银行通过为学习者设立终身学习账户、建立终身学习档案，存储学习者的学习成果，实现学习者学习成果的终身积累。

5．学习成果转换服务

学习成果转换服务是指学习者将自身学习成果转换为特定机构的学习成果证书或课程学分。学分银行的学习成果转换服务包括两个方面。一是为学习者与教育机构搭建学习成果转换平台，方便学习者的学习成果转换。二是促进更多的教育机构加入学习成果转换行列，为学习者提供更多的学习成果转换类目，以提高学习成果的可转换性与可转换率。

6．学习成果应用服务

学习成果应用是指学习者在企事业单位将所获得的知识、技能与能力应用于工作环节，实现学习成果的"学有所用"。学分银行通过人才推介，搭建就业之桥，能够促进学习成果的应用，实现学习成果的增值，同时，在学习成果的应用过程中促进学习者的学习回归。学习者通过继续深造学习，实现学习成果的再生产，也能实现学习成果的生态循环。学习成果服务体系可以用图 10 - 1 简要表示。

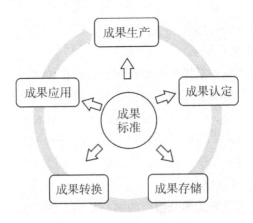

图 10 - 1　学习成果服务体系

（二）建构人才成长服务体系

基于自身的战略定位，学分银行可以以学习成果为核心，建构融人才培养服务、人才评价服务、人才库服务、人才推介服务、人才反馈服务为一体的人才成长服务体系，为人才成长提供全程性服务。

1. 人才培养服务

学分银行人才培养服务，不是指学分银行直接承载人才培养的功能，而是指为各级各类人才培养工作提供服务。学分银行不是替代教育机构或企事业单位去开展人才培养工作，而是基于学分银行的条件与优势，为教育机构的人才培养提供支撑性、协助性服务。

服务教育机构的人才培养包括三个方面：一是学分银行可以为教育机构的人才培养提供学习成果标准服务，包括资历框架等级标准、行业标准、课程标准、认证单位标准等，促进教育机构人才培养的标准化与一体化；二是学分银行可以为教育机构提供潜在生源，教育机构面向学分银行学习者的品牌宣传与招生宣传，可以为教育机构带来持续的学习者；三是基于企事业单位的人才需求及价值取向，学分银行可以为教育机构的人才培养提供方向指引。

服务企事业单位的人才培养是指学分银行通过开展终身学习、继续教育宣传，提供教育资讯，推介终身学习资源等，促进企事业单位对在职人员的培养，为在职人员提供继续学习的机会。在学习型社会，企事业单位是学习者终身学习的场所，也是人才培养的场所。

2. 人才评价服务

学分银行作为学习成果的汇集地，可以基于学习者所积累的学习成果评价学习者的综合素质与专业能力。学习者所积累的学习成果越多，则评价越全面。由于学分银行中的学习成果是基于学习成果标准认定的，其可信度高、可比性强。为此，这种基于学习者学习成果的人才评价，可以作为教育机构人才培养质量的评估内容，也可以作为学习者求职与就业的重要资历。

3. 人才库服务

学分银行可以利用自身的学习成果库，基于人才标准与人才分类，建构学分银行的人才库。相对于其他机构的人才库，学分银行人才库的人才数量更为庞大、人才信息更为可靠、人才数据更为丰富。这是由于学分银行的人才库有丰富的、经过认定的学习成果做支撑，可以更精准地为人才画像，从而更方便企事业单位的选人用人工作。

4. 人才推介服务

学分银行人才推介的基础是学习成果，人才推介的依据是基于学习成果的人才评价结果。人才推介服务能够促进学分银行中学习者与学习成果的"流动"，使学习者"学以致用"；对于学分银行来说，更重要的意义在于通过末端的人才推介，促进学习者主动加入学分银行，激发学分银行的活力。学分银行人才推介服务主要有三种方式：一是学分银行基于学习者的学习成果评价结果与学习者意向，主动向企事业单位推介人才；二是基于企事业单位的选人用人要求，筛选合适的人才；三是基于企事业单位的选人与用人趋势，为学习者的继续学习与学习成果的生产提供方向指引。

学分银行的学习成果的认定基于资历框架成果标准，学习成果质量的可靠性与可比性较高，因而企事业单位应该更愿意从学分银行的学习者中用人选人。因此，学分银行可以作为企事业单位选人用人的首选地。

5. 人才反馈服务

学分银行通过对用人单位开展调研，或者通过用人单位的主动反馈，获取用人单位对人才培养质量的评价。因为用人单位在使用人才的过程中，能够对人才真实的综合素质与专业能力做出评价。学习者通过在企事业单位中对学习成果的应用，促进其自身的成长，也促进其进行学习成果的再生产。

以学习成果为中心的人才成长服务体系如图10-2所示。

（三）建构教育决策服务体系

教育行政部门是学分银行的主导者和推动者。学分银行作为学习者、教育机构、企事业单位的集结地，作为学习成果的汇集地，可以充分利用所拥有的这些宝贵资源，通过数据的智能挖掘、大数据分析，为教育行政部门的教育决策提供服务，并成为教育行政部门教育决策的来源地。

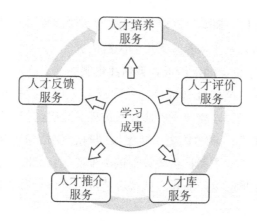

图 10 - 2　以学习成果为中心的人才成长服务体系

1. 为教育机构的办学质量评估提供服务

基于教育机构学习者及其学习成果的数量、质量与等级，学分银行可以对教育机构学习者及其学习成果进行总体评价和横向比较，帮助教育行政部门了解各级各类教育机构的办学质量与水平。由于学分银行的学习成果是经过统一标准所认定的，这种基于学习成果的办学质量评价具有较高的可比性与权威性。

2. 为学习者的综合素质评价提供服务

基于学习者个体所拥有的学习成果，学分银行可以对学习者的综合素质进行评估。通过分析与研究特定区域或特定群体学习者的综合素质，教育行政部门可以了解特定区域或特定群体的学习者的综合素质，为教育行政部门的综合素质培养提供决策依据。

3. 为学分银行的建设成效评估提供服务

通过分析与研究学分银行在学习成果的标准认定、生产、存储、转换、应用等环节的服务质量，在人才培养服务、人才评价服务、人才库服务、人才推介服务、人才反馈服务等环节的服务水平，以及学分银行中学习者、教育机构、企事业单位的参与度，可以帮助教育行政部门评估学分银行的建设成效。

4. 为人才培养的政策制订提供服务

基于企事业单位选人用人的价值取向、专业取向以及选人用人的数量与层次，可以分析与研究社会经济发展对人才需求的方向与趋势，从而为教育行政部门制订人才培养政策提供决策依据。

5. 为学习型社会的建设成效评估提供服务

学分银行面向全体社会成员，社会成员在学分银行中的学习成果积累，能够体现学习型社会建设的成效与进程。政府部门可以基于学分银行中学习者学习成果积累的数量、质量及速度，评估学习型社会的建设成效，为进一步推进学习型社会建设提供决策依据；同时，也可以基于企事业单位中学习成果的生产质量、效率和速度，评价企事业单位对学习型社会建设的贡献度。

6. 为终身教育体系布局的决策提供服务

通过分析学分银行中学习者的学习成果来源，可以研究各级各类教育机构、企事业单位在学习成果生产中的贡献与作用，分析他们在终身教育体系中所发挥的作用，以及对终身教育体系建设的贡献度，从而为教育行政部门的终身教育体系布局提供决策依据。基于学习成果的教育决策服务体系如图 10 - 3 所示。

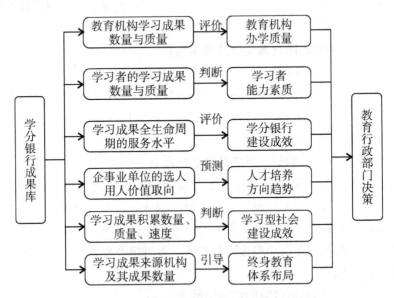

图 10 - 3　基于学习成果的教育决策服务体系

基于学分银行的战略定位与服务布局，学习者进入学分银行，不仅能够从学习成果的认定、存储、转换中获益，而且能够从学分银行所提供的学习资讯、就业资讯、人才推介服务中获得更多收益；教育机构进入学分银行，不仅可以促进学习者的就业，也能基于企事业单位选人用人的价值取向、学习者就业的数量与去向等指标检测自身的人才培养质量；企事业单位进入学分银行，能够从学分银行获得更为合适的人才；教育行政部门进入学分银行，能够从学分银行获得更多的数据以支撑教育决策。当学分银行的利益相关方都能从学分银行获益时，学分银行的蓬勃发展便指日可待。

第四节 学分银行共生系统的建构

在生态系统中，生物个体之间存在寄生、捕食、竞争、共生四种关系，其中共生关系是生物个体之间最为和谐的生态关系。基于共生关系所建构的共生系统也是生态系统中最为和谐的一个系统。建构终身教育学分银行共生系统，有利于促进学分银行的可持续发展。

一、建构学分银行共生系统的必要性

学分银行是实施学分银行制度的服务机构。教育部在《教育部关于推进高等教育学分认定和转换工作的意见》中对学分银行的职能进行了详细描述："构建分级认证服务网络，对学习者不同形式学习成果及学分进行认定、记录和存储。建立个人学习账号，对学习成果进行原始记录并长期保存，为学分认定和转换提供服务。"（王海东、邓小华，2019）履行学分银行职能，建构学分银行共生系统的必要性主要有以下三个方面。

（一）促进学分银行相关方参与的需要

从业务关联与利益相关视角来看，学分银行相关方主要包括学习者、

教育机构、用人单位与政府部门。当前，学分银行建设主要还是面向在校生的学历教育，而面向各类在职员工、进城务工人员、新型职业农民、退役军人等重点人群的非学历继续教育还不多。学分银行建设的资源整合力度总体不够，由政府推动，行业组织、企业雇主、教育培训机构等多元主体自觉参与的协同机制尚未被建立（薛晶洁，2018）。具体来说，存在以下四个方面的问题。

首先是学习者的参与度不够。目前，学分银行中的学习者主要为开放教育与继续教育领域的学习者以及少量社会学习者，普通高校的全日制学生尚未真正参与进来。其原因在于学分银行对于学习者的吸引力不够，其中一个重要原因是学习成果转换只能就低不能攀高，只能转换为较低层次机构的课程学分（余燕芳、韩世梅，2017）。也因为学习者参与度低，学分银行长期以来存在着学习成果累积能力不济、学习成果转换需求不足等问题（王绍博 等，2019）。

其次是教育机构的参与度不够。其原因在于教育机构参与的动力不足（王立生，2020），当前各类教育机构独立办学，各类教育政策相互隔离，教育机构尚难以从学习者转换自身学校学分中获得较大的经济效益，而教育机构最关注的招生、教学、质量、就业等方面的需求，学分银行尚难以有所作为。

再次是用人单位尚未真正参与。原因之一在于学分银行对于用人单位参加的意义认识得还不够。用人单位的积极参与，不仅能够促进学分银行中学习者的就业，还能通过用人单位对人才质量的反馈促进教育的改革。为此，薛晶洁（2018）也提出要将学分银行向工作领域延伸，构建四通八达的"交通枢纽"。

最后是政府部门的兴趣点尚待进一步被激发。当前，政府部门对于学分银行建设的政策支持力度较大，如广东终身教育学分银行由广东省教育体制改革领导小组统筹协调，同时还出台了一系列支持学分银行建设的相关政策。不过，当前的学分银行由于学习者覆盖面不广、学习成果数据不够丰富，尚难以为政府部门的教育决策提供足够的数据支撑。如果学分银行能够完善布局，为政府部门的教育决策提供更多决策参考的话，政府部门参与的积极性则会得到进一步提高。

建构学分银行共生系统，促进学分银行各相关方的积极参与协同发展已是当务之急。只有学分银行各相关方都积极参与，学分银行"立交桥"才会有真正的流量，才会真正的畅通，也只有这样，学分银行"立交桥"才不会是一座徒有其名、自娱自乐的"空桥"。

（二）促进学分银行自身发展的需要

当前，我国学分银行建设尚处于初级阶段，国家层面的学分银行尚未建立。目前的学分银行主要为部分省市依托当地教育主管部门或开放大学（广播电视大学）建立的省市级终身教育学分银行。例如，广东终身教育学分银行、江苏省终身教育学分银行、四川省终身教育学分银行、上海市终身教育学分银行等，另外还有国家开放大学建立的学分银行。各学分银行百花齐放、百家争鸣，通过自身的积极探索取得了一定的成绩，但是也存在各自为政的问题。在资历框架等级标准建设方面，各学分银行自行研究建立资历框架标准，例如广东终身教育资历框架等级标准、国家开放大学学习成果框架。另外，学习成果的行业标准以及各类资历成果的转换标准也是各自为政、各行其是。这样的结果难以形成学分银行的合力，容易造成重复建设的局面。

（三）促进终身教育体系建构的需要

建构终身教育体系，已成为我国战略发展的重要举措。终身教育体系建构的本质在于建构一个服务全民终身学习的教育生态系统，促进各级各类教育的沟通衔接，实现全民终身学习。

在终身教育的生态系统中，生态主体主要有学习者、教育机构、用人单位、政府部门与学分银行。其中，学分银行是终身教育生态系统的核心，是联结各级各类学习者、教育机构、用人单位与政府部门的枢纽和"立交桥"。立足学分银行，以学习成果为纽带，建构融各级各类学习者、教育机构、用人单位与政府部门为一体的学分银行共生系统，有利于形成互惠互利、共生共荣的共生环境，有利于促进学分银行相关方的协同一体，从根本上保障和促进终身教育体系的建构。

二、学分银行共生系统的构成

自然界的共生系统属于生态系统中的一种类型，其由共生单元、共生环境与共生模式构成。其中，共生单元是指共生系统中相互作用的生物个体，共生环境是指共生单元共同所处的生态环境，共生模式则是指共生单元之间以及共生单元与环境之间的作用方式。学分银行共生系统同样由共生单元、共生环境与共生模式三个基本要素构成。

（一）共生单元

在学分银行共生系统中，共生单元是指以学习成果为纽带，以学分银行为核心，具有共生关系的各相关方。基于业务关联及利益相关视角，学分银行共生系统中的共生单元包括学习者、教育机构、用人单位、政府部门以及学分银行自身。这里的共生单元既可以代表某一个体，也可以代表某一群体，如学习者共生单元既可以是学习者个体，也可以是学习者群体；教育机构共生单元既可以是某一个教育机构，也可以是某一类教育机构。

（二）共生环境

共生单元应共生环境而生，共生环境是孕育共生关系的摇篮。相对稳定的共生环境方能保持相对持久的共生关系，相对稳定的共生关系才能形成相对稳定的共生系统（王绍博 等，2019）。学分银行共生系统中，共生环境包括三个层面：宏观层面的终身教育体系建设环境，中观层面的资历框架体系建设环境，微观层面的学分银行体系建设环境。

（1）终身教育体系建设环境：终身教育体系建设是我国战略发展的重要部署，是一项长期稳定的建设任务。百年大计，教育为本，促进各级各类教育沟通衔接、互联互通，建构终身教育体系是学分银行共生系统的大环境，也是学分银行共生系统可持续发展的根本保障。

（2）资历框架体系建设环境：资历框架是根据一定的标准和定义，将公民个人在任何时间和地点，通过规范的任何方式获得的知识、技能按层级分类描述并依法确定的一整套标准和措施（王立生，2020）。我国在2016 年的《国民经济和社会发展第十三个五年规划纲要》中提出要建设终身教育资历框架。终身教育资历框架体系建设，能够为学分银行提供实施环境，学分银行基于资历框架等级标准、学习成果转换标准等实现学习成果的认定、积累与转换；资历框架体系建设是学分银行实现各级各类教育沟通衔接，实施学习成果转换的根本依据与标准，是学分银行共生系统可持续发展的重要保障。

（3）学分银行体系建设环境：学分银行体系建设是学分银行共生系统可持续发展的基本保障，包括政策体系建设与服务体系建设等，其直接影响学分银行共生系统的稳定运行。例如，《教育部关于推进高等教育学分认定和转换工作的意见》（教改〔2016〕3 号）明确了学分银行的基本任务与职责，为建设学分银行提供了国家层面的政策支撑。又如，广东省在《广东终身教育学分银行建设工作方案》中规定了学分银行建设的原则、模式与内容，在《广东省教育厅关于高等教育学分认定和转换工作实施意见（试行）》中明确了学分转换的具体办法与转换细则。这些政策的出台，为学分银行的建设和实施提供了方向的指引，也促进了学分银行共生系统的建构。

（三）共生模式

共生模式是共生单元之间的作用方式。学分银行共生模式可分为点共生、间歇性共生、持续性共生与一体性共生四种模式。点共生模式是指共生单元之间偶发的共生关系，这种共生关系具有随机性，发生频率比较低；间歇性共生模式是指共生单元之间间断性地产生共生关系，这种共生关系体现了双方已有一定程度的相互吸引力和互惠互利性；持续性共生模式是指共生单元之间频繁地产生共生关系，这种共生关系表明双方均能从共生中获得实质性的互惠互利，并已经联结成了相对牢固的共生关系；一体性共生模式是指共生单元之间已经达成了共识，建立了长期的战略合作关系，真正实现了你中有我、我中有你。这四种共生模式体现了共生单元之间共生关系的强弱与深浅，从点共生到间歇性共生，再到持续性共生，最后到一体性共生，共生单元之间的共生度由弱变强，共生单元之间的共生关系由浅变深。

以学习者与学分银行的共生关系为例，学习者初次接触学分银行，在学分银行进行学习成果的认定、积累与转换尝试，属于点共生模式；学习者从学分银行中获得收益后，增加了对学分银行的信任，便可能会经常地在学分银行进行学习成果的认定、积累与转换，点共生变成了间歇性共生；学习者通过间歇性共生模式不断获得收益，学习者与学分银行建立了稳定关系，学习者将习惯性地在学分银行进行学习成果的认定、积累与转换，而间歇性共生也就转变为了持续性共生。当学习者完全信任并主动融入学分银行时，学习者不仅在学分银行进行学习成果的认定、积累与转换，而且还会从学分银行获取各类就业资讯、学习资讯，并将学分银行作为自身人生历程的一部分，持续性共生也就转变为一体性共生。

学分银行共生系统的基本结构如图 10-4 所示。

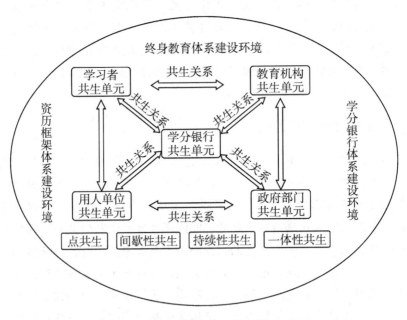

图 10-4　学分银行共生系统的基本结构

三、学分银行共生系统的要素关系

学分银行共生系统建构的关键在于各共生单元形成难以割舍、互惠互利的共生关系。

（一）学习者与学分银行的共生关系

当前，由于学分银行自身功能不完善、宣传不到位等原因，学习者对学分银行的知晓度与参与度均不高，然而，两者存在应然性的共生关系。功能完善的学分银行能够以学习成果为核心，为学习者提供多层次、多类型、全方位的服务，能够成为学习者成才、就业的根据地。具体包括六个方面：一是为学习者提供学习成果的认定、积累与转换服务。学习者能够通过学分银行将各种资历成果转换为学习成果，并转换为各类资历证书，以增强自身的职业竞争能力。二是为学习者建立终身学习账户，实现学习成果的终身存档。三是为学习者提供各类教育机构的学习资讯，方便学习者继续深造学习，促进学习成果的持续产生。四是为学习者提供各类就业资讯，促进学习者学习成果的推广与应用，实现学习成果的分流与增值。五是为学习者提供交流空间，方便学习者的学习、就业交流，促进学习者的学习成果产生与应用。六是基于学习者的学习成果评价，为学习者提供就业推荐服务，满足用人单位的人才需求。可见，一旦学分银行功能完善，学习者是难以脱离学分银行的。

学习者作为学分银行的服务主体，学分银行同样离不开学习者。因为学习者的积极参与是学分银行的活力源泉、生存基础，没有学习者参与的学分银行就会失去其本身的价值。学分银行需要学习者存储、认定、积累与转换学习成果，实现其核心功能。可见，学分银行与学习者之间难以分离、互惠互利的特点构成了两者的共生关系。

（二）教育机构与学分银行的共生关系

学分银行作为学习者与学习成果的集结地，可以面向教育机构提供多样化的服务。一是学分银行可以成为教育机构人才培养质量的检测地。学分银行通过向教育机构提供学习者学习成果的评价，以及用人单位选人用人的价值取向，帮助教育机构调整办学方向、提高办学质量。二是学分银行可以作为教育机构的品牌宣传地，通过教育机构的品牌宣传，吸引更多的学习者转换该机构的学分，获取该机构的学历或非学历证书。三是学分银行可以作为各类教育机构的宣传推广平台，通过向学习者提供教育机构的学习资讯，促进学习者到教育机构进行深造学习，为教育机构带来办学效益。四是学分银行作为教育机构的交流地，可以通过组建教育机构联盟或学习成果转换联盟等，促进教育机构之间的交流与合作。

教育机构作为学分银行的核心参与者，学分银行同样离不开教育机构。教育机构是学分银行中学习者与学习成果的重要来源，其可以为学分银行源源不断地输送学习者及其学习成果数据，教育机构也能够为学分银行提供更多的学习成果转换类目。

（三）用人单位与学分银行的共生关系

当前，用人单位主要通过校园招聘、社会招聘等方式选用人才。相对于学分银行广泛的学习者与海量的学习成果来说，校园招聘的对象虽然集中但是数量较少，社会招聘的对象虽然范围广泛但是难以聚焦。依托于学分银行，用人单位可以基于学习者的学习成果综合评价学习者的水平与能力，可以在更广、更深的范畴内精准地选用人才，提升用人单位的人才竞争力。学分银行也因此可以成为用人单位选人用人的首选之地。

学分银行同样离不开用人单位，因为用人单位能够为学习者的就业、再就业提供出路，能够为学习成果的推广与应用提供渠道。学分银行需要用人单位不断"消化"学习者，实现学习成果的应用与"流动"，还需要从用人单位获取学习成果的应用效果与人才培养质量的反馈，而且用人单位从学分银行的人才库中不断选人用人，也能促进学习者不断加入学分银行。

（四）政府部门与学分银行的共生关系

学分银行离不开政府部门是不容置疑的，因为政府部门是学分银行宏观政策的制定者与规划者，也是学分银行的主导者和推动者。政府部门在政策层面对学分银行建设的引导，在管理层面对学分银行各相关方的组织，对于学分银行的发展具有不可估量的作用。

对于政府部门，评估教育机构的教育教学质量，深入了解社会的人才需求是其制订教育方针政策的重要依据。学分银行作为海量学习者及学习成果的集结地，政府部门（特别是教育行政部门）可以充分利用数据挖掘技术与大数据分析技术，综合评价各级各类学习者的水平和能力，横向比较与评测各级各类教育机构的人才培养质量，还可以通过学分银行了解用人单位的选人用人价值取向。为此，依托于学分银行，政府部门可以进行更合适的数据分析、质量监管，能够更充分地发挥自身的管理职能。余燕芳等提出基于学分银行的学习成果、工作经历等数据，可以为学习者提供学习方向引导，为机构提供相关专业资格推荐，为政府部门提供教育需求分析与决策建议。可见，政府部门与学分银行存在着共生关系，这种共生关系可以极大地助力政府部门的教育决策。

（五）学分银行相关方之间的共生关系

在学分银行共生系统中，除了学分银行与各相关方存在共生关系外，学分银行各相关方之间也存在不同程度的共生关系。例如，教育机构与学习者之间基于人才培养与学习成果生产服务建立共生关系，教育机构与政府部门之间基于政策供给与质量监测建立共生关系，教育机构与用人单位之间基于人才供给与人才需求建立共生关系，学习者与用人单位之间基于选人用人与成果应用建立共生关系，等等。

学分银行及其相关方的共生关系如图10-5所示。

四、学分银行共生系统的功能特征

学分银行共生系统既具有自然生态系统的功能，也具有人工生态系统的功能，更具有共生环境下的共生功能，学分银行共生系统的功能特征主要包括以下五个方面。

（一）共同目的性

目的性是共生系统的一个主要特征，若没有目的性，共生系统内的诸元素就没有行动的主动性（吴晓蓉，2011）。学分银行共生系统同样具有目的性。服务终身教育体系，促进学习型社会建成是学分银行共生系统的目的，也是各共生单位的共同目标。教育机构通过培养人才服务终身教育体系；用人单位通过选人用人、促进人才流动服务终身教育体系；政府部门通过政策制订与供给服务终身教育体系；学习者是终身教育体系建设最直接的受益者，其通过自身的终身学习行为促进学习型社会的建成。

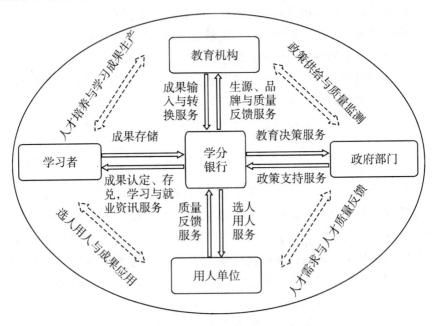

图 10 - 5 学分银行及其相关方的共生关系

（二）进化协同性

进化是生物的本质属性，生物物种的进化源于每个生物个体的自身进化。每个生物个体（生物物种）在其生存过程中都在不断演化。共同进化、共同发展、共同适应是共生的深刻本质。（袁纯清，1998）

协同进化是两个或多个共生单元在相互作用、相互影响的过程中发展出来的互惠互利、共生共荣的进化关系。在学分银行共生系统中，学分银行因各相关方的积极参与而获得更好的发展；用人单位因从学分银行获得更多、更好、更精准的人才而得到更好的发展；教育机构因从学分银行获得人才培养的需求与培养质量的评价，通过优化自身教育教学获得更好的发展；学习者通过学分银行获得更多资历成果、更多深造机会、更好就业或再就业机会而获得更好的发展。各共生单元的协同进化，也能使学分银行共生系统得到不断进化，使得学分银行共生系统变得越来越强大。

（三）能量共生性

共生的"生"既有"生存"之意，也有"生长"之意。所谓共生能量，就是学分银行相关方在共生过程中所产生的能量增量。能量共生是共生的重要特征，体现了共生关系的协同作用与创新活力。如果共生单元之间有共生无增量，就可以说是无效的共生，这种共生难以持久。

对于学习者来说，其增量表现为更多的学习晋升渠道与机会、更多的就业机会、更多的学习交流机会；对于教育机构来说，其增量表现为能够更精准地检测自身的办学质量，能够为自身的学习者提供更多的就业渠道，能够通过学习成果的转换获得更多的学习者；对于用人单位来说，其增量表现为能够基于学分银行海量的人才库与学习成果库选拔最适合的人才，增强自身的人才竞争力；对于教育行政部门来说，其增量表现为可以基于学分银行海量的人才库与学习成果库，利用大数据与分析技术做出更精准的教育决策。

（四）交叉互补性

交叉互补性是共生系统的本质特征，其包括交叉性与互补性两层含义。

交叉性表现为各共生单元之间的共性，其使得各共生单元之间有共生的可能性，也使得相互之间具有兼容性。对于学分银行共生系统来说，这种交叉性是基于学习成果的业务交叉。学分银行以学习成果为桥梁，与学习者、教育机构、用人单位、政府部门形成业务交叉；教育机构以学习成果为桥梁，与学习者、政府部门、用人单位产生关联，其他共生单元亦然。

互补性表现为各共生单元之间的不可替代性与相互弥补性。在学分银行共生系统中，学分银行不可能替代用人单位去分流人才，实现学习成果的应用；学分银行也不可能替代教育机构承载人才培养的职能；政府部门也不可能替代用人单位去给学习者分配工作单位；等等。

（五）终身一体性

终身一体性是终身教育体系建构的内在要求，也是学分银行建设的初心与使命。学分银行通过联结学习者、教育机构、用人单位与政府部门，能够实现教育的融通一体，从而为学习者提供终身性的学习服务。也就是说，学习者在学分银行共生系统中能够实现终身性的学习、一体化的学习。各级各类教育机构通过学分银行能够为全体社会成员提供终身性的教育服务，用人单位能为学习者提供终身性的职业服务、全职业生涯的就业服务，政府部门则能基于学分银行共生系统规划终身一体的政策服务。

五、学分银行共生系统的作用机制

学分银行共生体系的稳定运行与可持续发展依赖于共生系统中的各类作用机制，主要包括外部诱导机制、内生动力机制与阻尼排除机制。

（一）外部诱导机制

外部诱导机制是通过外部的环境创设诱导共生单元的共生行为。国家层面推进的终身教育体系建设、资历框架体系建设以及学分银行体系建设为学分银行共生系统的建设创设了良好的外部环境。促进各共生单元主动融入学分银行共生系统则需要建立外部诱导机制。外部诱导机制主要有以下三个方面的内容。

首先是进一步推进全民终身学习制度，形成终身学习环境，引领全民终身学习，并将终身学习制度与学分银行的终身学习账户挂钩，实现全民使用学分银行，全民获益于学分银行。

其次是加快推进国家资历框架体系建设，通过建立资历框架等级标准、行业标准与学习成果标准，使得学分银行的学习成果转换有法可依、有标准可据。

最后是优化完善学分银行制度，拓展学分银行功能，对当前学分银行功能实施全方位拓展，即从学习成果的认定、积累、转换功能拓展到面向学习者的就业推荐、学习资讯服务，面向教育机构的人才质量检测服务，面向用人单位的人才信息服务，以及面向政府部门的教育决策服务等。

（二）内生动力机制

内生动力是指共生单元自身由内而外自发产生的共生行为，其关键在于各共生单元开放共享、主动共生的动机生成。对于教育机构来说，不能故步自封、自娱自乐，应该树立开放共享的理念，打破高校自身的物理与心理围墙，主动拥抱终身教育体系的建构，主动与其他教育机构进行沟通衔接；对于学习者来说，终身教育时代的学习不再是一次性的学习，而是终身学习，学习者应该树立终身学习理念，主动进行终身学习，通过不断的知识与能力积累，增强自身的职业竞争力与社会生活能力，提升自身的人生价值；对于学分银行来说，不能一味地依赖政府部门的政策扶持，应该树立终身服务的理念，从学分银行相关方的利益着想，主动为各相关方服务，促进各相关方的积极参与。

（三）阻尼排除机制

共生阻尼因素是指阻碍学分银行共生关系发生的各类影响因素。阻尼排除机制就是要通过机制的建立排除阻尼因素，促进学分银行共生系统的可持续发展。学分银行共生阻尼因素主要有两个方面：一是各类教育政策的隔离问题。当前，普通教育与职业教育的管理政策是隔离的，普通教育与继续教育的管理政策也是隔离的，即使在继续教育内部，开放教育、网络教育、成人教育的管理政策也是相互隔离的，这种相互隔离的管理政策有利于清晰分工、分类管理，但是在终身教育视域下，不利于各级各类教育的沟通衔接。为此，需要从国家层面建立机制，破除这种教育政策的隔离，实现各类教育的融通一体。二是国家资历框架体系尚未建成，学习成果转换缺乏统一的标准。当前，学习成果的转换主要是一般水平高校转换高水平高校的学习成果，而高水平高校不愿转换一般水平高校的学习成果，从而使得学习成果的转换变成了单向行为。为了破除这种共生阻尼，需要尽快建成国家资历框架体系，建立统一的学习成果标准，使得学习成果转换不再有学校门第、品牌的差异，也可让高水平高校能够放心地认可和转换一般水平高校的学习成果，使得学习成果的单向转换变成双向流动。

学分银行建设规划是践行学分银行战略布局的重要举措。这里以广东终身教育学分银行建设的"十四五"规划为例，说明学分银行的建设规划。

附 录

终身教育学分银行相关政策及主要内容

随着我国经济社会的快速发展，建构终身学习体系，促进各级各类教育的沟通衔接已经成为党和国家的一项战略部署。对近年来中共中央、国务院及各级教育行政部门的学分银行相关政策进行梳理，有助于我们深入理解学分银行与资历框架的建设与发展。

（一）国家层面相关政策

（1）2010 年 7 月 29 日，《国家中长期教育改革和发展规划纲要（2010—2020 年）》提出："实现不同类型学习成果的互认和衔接，建立学习成果认证体系，建立'学分银行'制度"，全国各地积极响应，很多省市、社区、联盟和高校、企业（机构）都开展了以学分银行为名称的学习成果认证、积累和转换试点。

（2）2011 年 1 月 12 日，《国务院办公厅关于开展国家教育体制改革试点的通知》提出："探索开放大学建设模式，建立学习成果认证和'学分银行'制度，完善高等教育自学考试、成人高等教育招生考试制度，探索构建人才成长'立交桥'。"

（3）2014 年 6 月 22 日，《国务院关于加快发展现代职业教育的决定》提出："建立学分积累与转换制度，推进学习成果互认衔接。"

（4）2014 年 9 月 3 日，《国务院关于深化考试招生制度改革的实施意见》提出："探索建立多种形式学习成果的认定转换制度，试行普通高校、高职院校、成人高校之间学分转换，实现多种学习渠道、学习方式、学习过程的相互衔接，构建人才成长'立交桥'。"

（5）2015 年 5 月 4 日，《国务院办公厅关于深化高等学校创新创业教育改革的实施意见》提出："建立在线开放课程学习认证和学分认定制度。"

（6）2015 年 7 月 1 日，《国务院关于积极推进"互联网＋"行动的指导意见》提出："推动开展学历教育在线课程资源共享，推广大规模在线开放课程等网络学习模式，探索建立网络学习学分认定与学分转换等制度，加快推动高等教育服务模式变革。"

（7）2015 年 11 月 4 日，《中共中央关于制定国民经济和社会发展第十三个五年规划的建议》提出："建立个人学习账号和学分累计制度，畅通继续教育、终身学习通道。"

（8）2016 年 3 月，《国民经济和社会发展第十三个五年规划纲要》提出："制定国家资历框架，推进非学历教育学习成果、职业技能等级学分转换互认。"

（9）2016 年 7 月 27 日，中共中央办公厅、国务院办公厅印发《国家信息化发展战略纲要》，提出要"建立网络环境下开放学习模式，鼓励更多学校应用在线开放课程，探索建立跨校课程共享与学分认定制度"。

（10）2017 年 1 月 10 日，《国家教育事业发展"十三五"规划》提出："为每一位学习者提供能够记录、存储自己的学习经历和成果的个人学习账号，对学习者的各类学习成果进行统一的认证与核算，使其在各个阶段通过各种途径获得的学分可以得到积累或转换。"

（11）2019 年 2 月 13 日，国务院印发《国家职业教育改革实施方案》并提出："加快推进职业教育国家学分银行建设，制定符合我国国情的国家资历框架。""探索建立职业教育个人学习账号，实现学习成果可追溯、可查询、可转换。有序开展学历证书和职业技能等级证书所体现的学习成果的认定、积累和转换，为技术技能人才持续成长拓宽通道。"

（12）2019 年 2 月 23 日，中共中央、国务院印发《中国教育现代化

2035》，在战略任务中明确提出"建设健全国家学分银行制度"；将"建成服务全民终身学习的现代教育体系"作为首要发展目标。实现"不同类型学习成果的互认与衔接"。"建立国家资历框架，建立跨部门跨行业的工作机制和专业化支持体系。"

（13）2020年10月13日，中共中央、国务院印发《深化新时代教育评价改革总体方案》，提出要"探索建立学分银行制度，推动多种形式学习成果的认定、积累和转换，实现不同类型教育、学历与非学历教育、校内与校外教育之间互通衔接，畅通终身学习和人才成长渠道"。

（二）部委层面相关政策

（1）2012年3月16日，《教育部关于全面提高高等教育质量的若干意见》提出要"开展高校继续教育学习成果认证、积累和转换试点工作，鼓励社会成员通过多样化、个性化方式参与学习"。

（2）2012年3月21日，教育部印发《高等教育专题规划》，提出要"积极推进基于网络的人才培养模式、教学内容和教学方法的改革，推进校际课程互选、学分互认与转移"。

（3）2014年9月4日，《教育部等七部门关于推进学习型城市建设的意见》提出："推进各级各类学校（教育培训机构）实行学分制，积极开展终身学习成果积累与转换工作试点，拓宽终身学习通道。"

（4）2015年2月15日，《教育部办公厅关于印发〈2015年教育信息化工作要点〉的通知》提出："构建基于网络自主学习和社群互动学习的新型教学模式，探索建立学习成果认证、积累与转换制度。"

（5）2015年4月16日，《教育部关于加强高等学校在线开放课程建设应用与管理的意见》提出："高校要进行慕课学分认定和学分管理制度的创新。慕课应该扩大学分互认范围，建立统一的学分互认标准，依托第三方认定机构开展学分认定、积累和转换工作。"

（6）2015年10月21日，教育部印发《高等职业教育创新发展行动计划（2015—2018年）》，提出"要加强学分银行在职业教育中有效运用研究，并以此推动高等职业教育改革创新，培养更多社会需求人才和适应大众教育要求"。

（7）2016 年 1 月 21 日，《教育部关于办好开放大学的意见》提出："坚持建好开放大学这个主阵地，努力实现学分银行的作用，将各类学习成果进行妥善的转换、储存与兑现。"

（8）2016 年 7 月 15 日，教育部在《推进共建"一带一路"教育行动》中提出要"加快推进中国教育资历框架开发"。

（9）2016 年 9 月 18 日，教育部印发的《关于推进高等教育学分认定和转换工作的意见》提出："除学习本校课程获得学分外，还可通过学习外校课程、参加高等教育自学考试、转换非学历学习成果等方式获得学分"；对其他社会成员的学分获取，明确"可通过学习高校课程、参加高等教育自学考试、转换非学历学习成果，经所申请的高校认定后获得学分"。

（10）2018 年 3 月 29 日，教育部印发的《办公厅关于做好 2018 年深化创新创业教育改革示范高校建设工作的通知》提出："充分利用现代信息技术，加快建设创新创业教育在线开放课程，推动优质课程资源共享，完善相关课程学习认证和学分认定制度。"

（11）2018 年 4 月 13 日，教育部印发《教育信息化 2.0 行动计划》提出："为每一位学习者提供能够记录、存储学习经历和成果的个人学习账号，建立个人终身电子学习档案，对学习者的各类学习成果进行统一的认证与核算，使其在各个阶段通过各种途径获得的学分可以得到积累或转换。"

（12）2018 年 8 月 27 日，教育部印发《关于狠抓新时代全国高等学校本科教育工作会议精神落实的通知》，提出："要完善在线开放课程学分认定制度，推动学分互认，推进优质资源共建共享，充分发挥在线开放课程在支持中西部高等教育发展、促进教育公平、提高教育质量方面的重要作用。"

（13）2018 年 10 月 8 日，《关于加快建设高水平本科教育全面提高人才培养能力的意见》提出："推进与国外高水平大学开展联合培养，支持中外高校学生互换、学分互认、学位互授联授，推荐优秀学生到国际组织任职、实习，选拔高校青年教师学术带头人赴国外高水平机构访学交流。"

（14）2019 年 4 月 4 日，教育部等四部门印发《关于在院校实施"学历证书 + 若干职业技能等级证书"制度试点方案》，提出："探索建设职业教育国家'学分银行'，构建国家资历框架。"

（15）2019 年 9 月 25 日，教育部等十一部门发布《关于促进在线教育健康发展的指导意见》，并提出："建设一批高质量在线教育课程，探索学习成果认证和学分积累转换制度。"

（16）2020 年 3 月 30 日，教育部印发《关于做好职业教育国家学分银行建设相关工作的通知》，提出要建立符合中国国情的职业教育国家学分银行，结合"1 + X"证书制度试点工作，有序开展学历证书和职业技能等级证书所体现的学习成果的认定、积累和转换，形成一批学分银行应用模式和典型案例，拓宽技术技能人才持续成长通道，逐步探索开展各类学习成果的认定、积累和转换，服务全民终身学习。

（17）2020 年 9 月 26 日，教育部等九部门印发的《职业教育提质培优行动计划（2020—2023 年）》提出："推进国家资历框架建设，建立各级各类教育培训学习成果认定、积累和转换机制。加快建设职业教育国家'学分银行'，制定学时学分记录规则，引导在校学生和社会学习者建立职业教育个人学习账号，存储、积累学习成果和技能财富。"

通过对国家级与部委层面的学分银行与资历框架建设的梳理，我们能够清楚地知道，建设学分银行与资历框架已经成为国家的一项战略部署。开放大学作为学分银行建设的主要承担者，在我国学分银行建设中做出了颇有成效的实践探索。

第十一章　贯通一体：终身教育资历框架
体系建设

第一节　终身教育资历框架建设现状

终身教育资历框架是根据一定的标准和定义，将公民个人在任何时间和地点，通过规范的任何方式获得的知识、技能按层级分类描述并依法确定的一整套标准和措施。资历的内涵比学历的内涵要丰富得多。资历框架是把包括学校教育和非学校教育、正规学习与非正规学习、成人教育与职业培训等在内的各种类型的教育与培训统筹整合，实现各级各类教育、培训的贯通和协调发展，为公民构建一个无障碍的、公平的、可以自由流动的、学习成果可以被携带和累积的终身学习体系。同时，通过统一标准的制定和实施，保障和提高教育、培训的质量，实现各种资历相互可比、可衔接、可携带，进而促进资历的跨领域、跨行业、跨地区和跨国界的相互认可。资历框架的核心要素是"以学习成果为本""学分累积与转换系统的构建"，以及"对先前学习经历的认可"。（王立生，2018）

一、终身教育资历框架建设的战略意义

（一）适应国家战略发展需要

2016年3月，《国民经济和社会发展第十三个五年规划纲要》提出，

"制定国家资历框架，推进非学历教育学习成果、职业技能等级学分转换互认"。之后，我国陆续出台各类政策，提出要制定国家资历框架。

2019 年 2 月，国务院印发的《国家职业教育改革实施方案》提出要"推进资历框架建设""制定符合国情的国家资历框架"；中共中央、国务院印发的《中国教育现代化 2035》，明确提出"建立国家资历框架，建立跨部门跨行业的工作机制和专业化支持体系"。

2019 年 4 月，教育部等四部门印发《关于在院校实施"学历证书 + 若干职业技能等级证书"制度试点方案》，并提出"探索建设职业教育国家'学分银行'，构建国家资历框架"。

2020 年 9 月，教育部等九部门印发《职业教育提质培优行动计划 (2020—2023 年)》，提出"推进国家资历框架建设，建立各级各类教育培训学习成果认定、积累和转换机制"。

（二）顺应国际发展趋势

根据联合国教科文组织等机构联合发布的《全球区域和国家资历框架目录（2017 年）》，80% 的国家和地区已实施资历框架，其中欧盟、东盟等 7 个区域实施区域资历框架，覆盖 126 个国家和地区，实现区域内跨国的学习成果认定与转换。"一带一路"71 个协议国中，62 个国家已经建立了终身教育资历框架，占总数的 87%。国际上资历框架有四种常见的形态：国家终身教育资历框架，即国家层面上衔接和沟通各级各类教育的综合性资历框架；单一类型资历框架，即某一专门领域的资历框架，如高等教育资历框架、职业教育和培训资历框架等；地方资历框架，即一个国家内某个地区的资历框架；参照性资历框架，即专用于实现国家或地区间资历框架共享、对接和学分互认的资历框架。

（三）服务全民终身学习

资历框架是服务全民终身学习制度体系的制度建设基础，是扩大教育的对外开放、实现国际间人才标准的对接的重要措施，也是满足人民日益增长的美好生活对优质教育服务的基本需要的必要手段，因而这是实现教育现代化的必然选择、未来教育的必由之路。

（四）促进职业教育发展

资历框架是职业教育高质量发展的内在需求，通过资历框架实现职业教育内涵建设的横向贯通，强化"1＋X"试点、产教融合、职业培训、"双高"计划等职业教育重大改革的内在联系；资历框架是职业教育高质量发展的外在需要，通过资历框架实现职业教育与普通教育、培训、过往工作经历等的纵向贯通，进一步强化职业教育与普通教育作为两种不同教育类型的同等重要地位；资历框架是职业教育高质量发展的制度体系基础。这也是党的十九届四中全会提出推进国家治理体系和治理能力现代化及构建服务全民终身学习的现代教育体系的重要制度基础。

二、终身教育资历框架建设的实践探索

虽然我国尚未成立国家层面的资历框架组织机构，没有出台国家层面的资历框架登记标准，但是广东开放大学、上海开放大学、江苏开放大学、重庆开放大学、国家开放大学等校分别开展了资历框架等级标准的研制工作，并各自形成了资历框架等级标准。广东先行先试，率先发布了《广东终身教育资历框架等级标准》（DB44/T 1988－2017），并在中国国家标准化管理委员会备案。

（一）国家开放大学学习成果框架

国家开放大学基于《国家资历框架与国家学分银行建设研究》等课题，以问题为导向，通过文献调研、专家论证等多种方式，聚焦学习成果框架的科学性、实用性、易用性等研究，重点围绕等级数量、等级描述以及与各级各类学习成果的对应关系等展开。该学习成果框架通过中国标准化协会以团体标准的方式发布。其学习成果框架等级与各类型学习成果之间的相互关系如图11－1所示，根据学习成果的复杂程度，学习成果框架从低到高划分为6个等级。

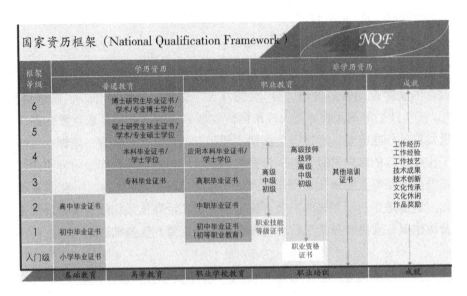

图 11-1 学习成果框架

（资料来源：《〈学习成果框架等级标准〉中国标准化协会团体标准（征求意见稿）编制说明》，见 http://www.china-cas.org/u/cms/www/202107/291534442kk0.pdf）

截至 2021 年年初，国家开放大学面向邮政、煤炭、铸造、信息安全、社工、物流、养老服务、汽车、电子商务、学前教育等 10 个行业制定了 518 个认证单元；与山东商业职业技术学院、辽宁机械装备职业技术学院、宁夏职业技术学院、顺德职业技术学院等 12 个高职院校合作，制定了 588 个认证单元；与化工、软件、物业、软件、纺织、物联网、大数据、清洁服务、中医保健等 28 个行业学院合作，制定了 571 个认证单元。①

（二）广东省终身教育资历框架等级标准

广东省终身教育学分银行基于广东省资历框架等级标准，面向行业系统，建设资历框架的能力标准体系。

第一，首发了广东省资历框架。《广东终身教育资历框架等级标准》

---

① 资料来源于 2021 年国家开放大学资历框架建设总结材料。

（DB44/T 1988 – 2017）由广东省质监局发布，中国国家标准化管理委员会备案，为各级各类学习成果的沟通衔接提供母标准。按照"创建资历框架、实现不同学习成果的认定与转换"的理念，创建符合广东省实际、初具特色的资历框架，明晰资历成果的等级、资历类型及其相互之间的关系，明晰各等级的标准，为学分银行的运行奠定制度基础，为各级各类资历成果的认定与转换提供共同参照，为教育与人力资源市场搭建桥梁。

第二，建立了能力标准工作机制。为推进能力标准项目建设工作，广东省建立了涵盖决策、实施、管理和质量保障等方面的工作机制，成立了4个行业专家委员会，行业专家委员会主要负责审定标书内容和审阅、检视和确定能力标准开发各阶段的内容，行业专家委员会组成人员主要包括行业代表、标准化专家、相关专业教学指导委员成员等（如图 11 –2 所示）。

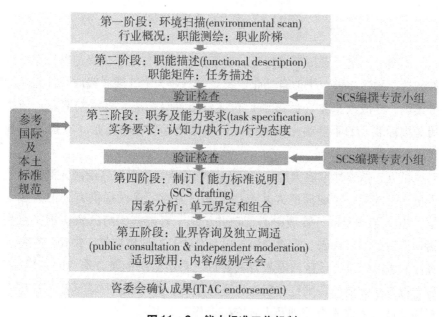

图 11 –2 能力标准工作机制

第三，形成了能力标准开发流程。能力标准开发流程包括制订工作方案、开展行业调研、研制职能结构图、制订能力标准草案、编制能力标准征求意见稿并公开征求业界意见、编制能力标准送审稿、编制能力标准报批稿、编制能力标准公告和推广应用及完善九大阶段（如图11-3所示）。前四个阶段是能力标准开发的核心，后五个阶段是团体标准的规定动作。（李雪婵等，2020）

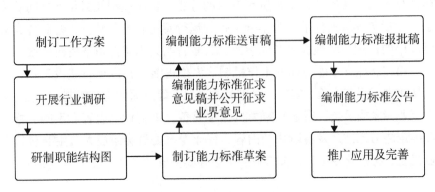

图11-3 能力标准开发流程

第四，制定了资历等级标准。基于工作机制与工作流程，以汽车、机械制造、物流冷链、工业自动化、家政等行业为主开展实践应用和行业标准建设，建成汽车业（后市场）行业资历等级标准、机械制造业行业资历等级标准、工业自动化系统行业资历等级标准、物流业（冷链）行业资历等级标准。

第五，探索粤港澳大湾区资历和学分互认。为促进粤港澳大湾区从业人员终身教育，实现湾区人才有序流动，为湾区建设提供有力的人才支撑，2017年学分银行管理中心推动并组织了粤港澳大湾区资历框架系列活动，包括学习调研、洽谈交流、项目合作、专题培训等，推动广东省教育厅和香港特别行政区政府教育局签订《粤港资历框架合作意向书》，广东省教育厅和澳门特别行政区教育暨青年局、澳门特别行政区政府高等教育局签订《粤澳教育培训及人才交流合作意向书》。

（三）江苏省终身学习成果框架

江苏省终身教育学分银行在全面学习借鉴《澳大利亚国家资格证书框架（2013）》《欧洲终身学习资格框架（2008）》《欧洲学分转移和累积

系统》《广东终身教育资历框架等级标准》和香港资历架构制度体系的基础上，考虑到"学习成果"概念的通用性和易于接受性，以及学习成果认证制度建设的前期探索性和试验性，采用了"学习成果框架"的概念。

江苏省终身教育学分银行构建了以6级成果框架（初中毕业为起点，覆盖普通教育、职业教育、继续教育和社会培训以及业绩）为"元标准"，下分职业能力等级标准和学科等级标准的认证标准体系架构（如表11–1所示）。成果框架阶梯与等级通用标准将各类教育培训连为一体，为各行各业的人才培养和个人发展提供了一个晋级的"元标准"。"元标准"规定了每一层级成果应达到的最低能力水平，但由于框架中囊括的成果跨越普通教育、职业教育、继续教育和社会教育多个界别，除了与学术课程相关的成果外，更多来自行业领域。要保证这些成果认证结论为社会所承认，就需要有更具体的针对某一类型成果的评价标准。（张璇，2020）

表11–1　江苏省终身教育学习成果框架

框架等级	各级别包含的学习成果类型					
	学历教育（指组成学历的具体课程和教学环节）		非学历教育			其他
	普通教育（含学历继续教育）	职业教育（含学历继续教育）	职业资格证书/职业技能评价	职业技能等级证书（X证书）	培训证书/专项证书	业绩
6级	研究生/学术博士	—	—	—	（含非学历继续教育）	
5级	研究生/学术硕士	研究生/专业硕士	一级	—	依标准评估认证后确定等级	依标准评估认证后确定等级
4级	本科/学士学位	应用本科/学士学位	二级	高级		
3级	专科	高职	三级	中级		
2级	高中	中职	四级	初级		
1级	初中	—	五级	—		

（四）重庆市终身学习学分银行资历与学习成果框架

重庆市终身学习学分银行对于资历框架的研制更为务实，其将资历划分为4级，等级层次集中于初中到本科，涵盖职业教育与远程教育、职业培训与业绩成果等。其资历与学习成果框架如图11-5所示。

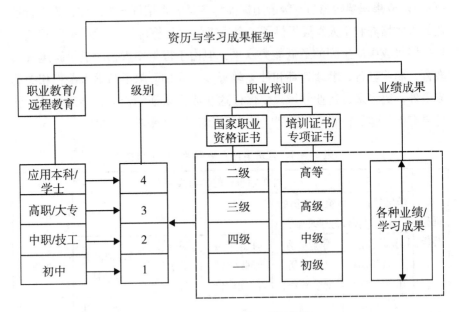

图11-5　资历与学习成果框架

三、终身教育资历框架建设存在的问题

尽管我国终身教育资历框架建设取得了一定的成绩，但是仍然存在不少的问题，主要包括以下五个方面。

第一，终身教育资历框架建设缺乏顶层设计。虽然多个层面的政策文件中都明确提出要建设国家资历框架，但是当前却更多停留在政策层面，国家层面缺乏专门的组织机构推进国家资历框架建设，对资历框架的实践探索缺乏清晰的政策指引。

第二，终身教育资历框架标准缺乏国家层面的统一。目前，因为缺乏国家层面的资历框架等级标准。教育部职教所、国家开放大学、广东、江苏、重庆各行其是建设了资历框架等级标准，使得各地的资历框架等级标准不统一、各地的学习成果难以互通。

第三，终身教育资历框架的行业能力标准存在重复建设问题。行业能力标准建设是一项投入大、见效慢的事情，当前，由于缺乏统一的资历框架建设标准，各地依据自行研制的资历框架标准建设行业能力标准，不仅使得各地的行业能力标准难以互通，同时也因为行业能力标准的重复建设造成了极大的人力、物力与财力的浪费。

第四，终身教育资历框架建设工作推进困难。由地方制定和推进资历框架建设，存在行政统筹范围小、行政影响力弱的问题，也使得资历框架等级标准只能在有限的区域内推广实施。

第五，终身教育资历框架建设缺乏法律保障。目前缺乏国家层面资历框架的体制机制建设引领。资历框架建设标准与能力标准的权威性，学习成果的认定、积累、转换的权威性，以及资历框架的应用与推广均需要在法律法规方面获得保障。

第二节　建构贯通一体的终身教育资历框架体系

早在 2016 年，《中国国民经济与社会发展第十三个五年规划纲要》就提出要制定国家资历框架。资历框架作为学分银行建设的顶层制度，是各级各类教育学习成果认定和转换的母标准。建立涵盖学历教育、职业培训等各类学习成果的国家资历框架，有助于不同教育体系内各类学习成果的转换，是学分银行学分转换的基础。制定国家资历框架的方案在国际上已经有成熟经验可以借鉴，广东省在资历框架方面先行先试为制定国家资历框架提供了重要的地方经验，同时相关研究也为其奠定了坚实的基础。

然而，资历框架要想被社会普遍接受，并能在全社会推广实施，需要建构贯通一体的资历框架体系，并形成生态化的资历框架体系。贯通一体的资历框架体系包括贯通一体的资历框架等级标准的建构、贯通一体的资历框架服务体系的建构以及贯通一体的资历框架国际衔接的实现等。

一、建构终身教育资历框架等级标准

贯通一体的终身教育资历框架等级标准是指我国的资历框架等级标准是一体的，全国只有一个国家资历框架等级标准。同时，我国的资历框架等级标准又是贯通的，即能够实现从国家资历框架等级标准到行业标准，从行业标准到岗位标准再到能力标准，从基于能力标准的教育培训实施到标准化的学习成果的认证与转换，都是全程贯通的。为此，一方面要建构国家层面资历框架等级标准；另一方面要推进国家资历框架等级标准的贯通与应用。

（一）建构国家终身教育资历框架等级标准

终身教育资历框架作为学分银行建设的顶层制度，是各级各类教育学习成果认定和转换的母标准，建构国家层面终身教育资历框架等级标准，树立国家终身教育资历框架等级标准的权威性与公信力，是终身教育资历框架体系能够得到广泛应用与推广的重要保障。为此，我国应在广东、江苏、重庆以及国家开放大学等所建立的终身教育资历框架标准的基础上进行充分调研，整合全国力量，研究国家层面的终身教育资历框架等级标准，并通过法律法规的形式树立国家终身教育资历框架等级标准的权威性，保障国家终身教育资历框架等级标准的推行。

（二）推动国家终身教育资历框架等级标准的贯通

开放大学在建立了国家终身教育资历框架等级标准后，需要积极引领国家终身教育资历框架等级标准的"贯标"。"贯标"分为以下五个步骤。

第一，研制行业能力等级标准。基于国家终身教育资历框架等级标准，教育行政部门与人力资源管理部门协同，结合"1＋X"证书制度和产教融合要求，立足第一产业、第二产业、第三产业的发展，引领行业并整合行业协会、教育机构、研究机构、技能人才评价机构、标准化机构等的专家力量，研制行业能力等级标准，推进行业能力标准的应用与推广。截至 2019 年 4 月，香港不同行业成立了 23 个由雇主、雇员、专业团体及监管机构等人员组成的行业培训咨询委员会，专门负责组织制订和更新行业标准，已研制并发布了 23 个行业共 48 套行业标准，涵盖的行业人口已超过香港整体劳动人口的 53%。

第二，研制岗位能力等级标准。基于行业能力等级标准，引领行业企业、社会机构研制岗位能力等级标准，促使岗位能力等级标准与岗位实际工作需要相匹配。

第三，建设标准化的培训课程。基于岗位能力等级标准，建设标准化、体系化的教育培训课程，组织开展岗位能力培训，形成系列标准化的学习成果。

第四，建立标准化学习成果的互认机制。这种源于国家资历框架等级标准的标准化学习成果，将能极大提升学习成果的公信力，推进学习成果的认定、积累与转换的普及化。为此，应建立标准化学习成果的互认机制，提升学习成果互认的效果。

第五，研制过往资历认定认可标准。过往资历认定认可标准是指认可劳动者在学校教育之外的各类非正规、非正式学习中获得的知识和能力，支持他们凭借技术技能获得学历提升、职业晋升和社会上升的机会的标准与尺度。《国务院关于推行终身职业技能培训制度的意见》提出，"支持劳动者凭技能提升待遇，建立健全技能人才培养、评价、使用、待遇相统一的激励机制"。为此，应基于岗位能力等级标准，研制过往资历的认定标准，畅通我国技术技能人才成长通道以及学历提升的通道。

这种从国家终身教育资历框架等级标准到行业资历等级标准再到岗位能力标准，基于岗位能力标准开展培训、形成学习成果的方式，形成了终身教育资历框架体系的闭环，能够真正实现国家资历框架等级标准的贯通与落地。

二、建立终身教育资历框架服务体系

终身教育资历框架服务体系是研制资历框架等级标准，促进资历框架等级标准应用与推广的重要保障。其包括组织体系的建立、协作机制的建设以及质量保障机制的建立等。

首先是建立贯通一体的终身教育资历框架组织体系。我国尚未成立国家层面的资历框架行政管理机构，各地也没有专门的资历框架行政管理机构。广东、江苏、重庆以及国家开放大学等开展的资历框架研制工作均是由其所辖的学分银行组织的，也就是说，我国的资历框架服务体系尚未建立起来。对于我国资历框架组织体系的建构，应该采取贯通一体的建构模式，即首先成立国家资历框架行政管理机构，然后在各省市建立相应的资历框架行政管理机构。在各级资历框架行政管理机构的组织引领下，推进资历框架等级标准的应用与推广，引领各级各类教育的学习成果的认定、积累与转换。

其次是建立多方协同的终身教育资历框架建设协作机制。终身教育资历框架作为学习型社会的重要制度安排，涉及各行各业、各级各类教育，也涉及全体社会成员，需要各方参与，利益相关方众多，社会关注度也高。因此，需要建立跨部门、高级别的领导体制，实施强有力的统筹领导，确保资历框架的制定工作沿着正确的方向前进，同时还需要建立各方协同推进的机制，以便顺利推进资历框架的制定。如由中央教育工作领导小组统筹领导和协调推进，具体由教育部牵头组织，各相关部门按照分工协同做好相关工作。

最后是建立终身教育资历框架的质量保障机制。资历框架等级标准、行业资历等级标准、岗位能力等级标准、学习成果认定与转换的公信力在于资历框架质量保障机制的建立。从国际经验看，实施管办评分离，借力第三方评审机构负责各级各类资历的质量评审是通行的做法，如新西兰、法国、澳大利亚等国家和中国香港等地区，通过立法形式规定第三方机构（如香港学术及职业资历评审局）负责资历架构下资历的质量保障和课程评审的工作。为此，应推动成立政府认可、社会接受的第三方专业评审机构，开展基于资历框架的学习成果认证的评估与指导，保障资历框架的权威性和公信力。同时建立健全资历名册，使之真正成为存贮所有通过质量评审及获得资历架构认可的资历名册库，包括专业、项目、课程等内容。逐步将具有自我学术评审资格的高校相关专业纳入资历名册，将各类社会教育培训机构的培训项目、课程、证书按评审标准、评审流程审批后纳入资历名册，并动态公布相关名单。

三、实现终身教育资历框架的国际衔接

随着经济全球化、教育国际化的快速发展和终身教育理念的普及深化，越来越多的国家先后建立国家资历框架，并以此作为建设各级各类教育"立交桥"、保证教育体系整体质量、打通就业绿色通道、实施终身学习战略、促进经济社会发展、提升国家教育透明度和国际竞争力的重要举措。根据《全球区域和国家资历框架目录》，目前已有 161 个国家建立了国家资历框架，占联合国主权国家总数的 83.4%。在区域资历框架合作方面，全球已建成 7 个区域资历参照框架。区域性资历框架为区域中各国构建本国的资历框架提供参照，或是借此来衔接各国的国家资历框架。

目前，欧盟、英国、澳大利亚、新西兰等国家和地区均建立了自身的资历框架，亚洲的东盟、印度等也建立了自身的资历框架。广东终身教育资历框架等级标准参考了欧盟的资历框架等级标准，为未来的资历框架国际衔接奠定了基础。为此，对于我国的资历框架等级标准，相关部门应充分调研国际资历框架建设情况，将自身资历框架等级标准与国际接轨，促进国际化的学习成果认定、积累与转换，促进国际化的人才互通与交流。

第十二章　顺势而为：开放大学的未来发展

所谓"势"，是一种力量，也是一种惯性，还是一种环境。"势"有过去之势，也有当下之势，更有未来之势。分析过去之势，可以了解事物发展之轨迹；分析当下之势，可以知晓当下之环境；分析未来之势，可以预知未来之发展。

"势"分有形之势，也有无形之势。有形之势是可见之势，是一种具象的势，是大部分人都能看到的趋势。基于有形之势，可以在策略层面对事物发展做出分析和判断。有形之势具有短期性、可感知性、较大的确定性，其适宜于用来做较短时期内的发展规划或发展策略。无形之势则是有形之势之上的一种"势"，是一种基于事物发展规律的大趋势、大方向。无形之势，是一种无形的驱动，是一种高阶的引领。正是这种无形的驱动，才使得我们的社会在无形中、无感中、无意识中不断发展。然而，也正是这种"无形之势"，才可以引领我们去思考、去创新，才能真正发现未来发展之路，才能在战略决策上高瞻远瞩，才能在战略层面上做出正确的决策。

知晓势，方能取势，方能因时而动、顺势而为。《孟子·公孙丑上》有云："虽有智慧，不如乘势；虽有镃基，不如待时。"可见"乘势""待时"之重要性。

未来教育如何发展，需要基于当下社会经济以及信息技术的发展，分析未来教育的有形之势与无形之势。知晓教育发展之势，方能获得"不知之知"，方能找到"未来教育之门"，方能沿着正确的道路去创新、去发展。

第一节　信息技术引领大学变革

未来教育的发展，是对教育文明演进的传承，是对当下教育困境的突破，是信息技术背景下的教育创新。从信息化视角来看，未来教育发展之势主要包括以下十个方面。

一、大学分工职能化

我国在线课程开放运动，在极大程度上促进了优质资源的开放共享，特别是在新型冠状病毒疫情期间，利用公共服务平台上的开放课程实施SPOC（small private online course，小规模在线课堂）教学成为普遍现象。随着在线课程开放运动的持续推进，名校、名课程、名专业（特色专业）、名教师将在公共服务平台上不断聚集，学习者也逐渐被优质资源所吸引，公共服务平台上同类资源中将出现严重分化，"赢者通吃"将成为事实，互联网上的在线开放课程将"只有第一，难有第二"。在线开放课程不仅在公共服务平台上不断被分化，走向被垄断的局面，也将威胁线下课程的生存。比如，中山大学的行政管理学专业在全国首屈一指，如果将中山大学的行政管理专业课程在慕课平台共享，那么专业教学力量较弱的高校可以通过慕课平台共享这些资源，而没有必要再进行低水平的重复建设。如果教师仍然坚持用自己有限的专业知识讲授课程，则学习者可能会说"老师，慕课上讲得比你好多了，我想听慕课课程"，这个时候，教师的地位将何其尴尬，普通高校教师的生存危机也将由此凸现。

所谓教育分工的职能化是指基于教育教学流程进行教育机构的职能分工。对于一般性的大学，特别是没有专业优势和特色的大学，利用名校优质资源开展在线教学将成为一种趋势。一般性高校的教师可以变身辅导教师，主要基于名校优质资源提供学术性和技术性的支持服务，帮助学习者消化、巩固和吸收教学内容。也就是说，一般性的高校将变成消费型或辅导型高校；而对于名校，其可以依托自身品牌专业和优质师资，主要从事优质资源的生产，名校将变成以优质资源生产为主体的生产型或主讲型高校。由此可见，随着在线开放课程运动的不断推进，高校之间将出现明显的分化与分工。当然，一般性高校也会依托其特色专业或优秀教师所建设的优质资源将某些专业打造成生产型专业。

二、教育类型融通化

教育类型融通化是指以课程为建构起点——对各类非学历教育项目、学历教育专业及专业群的课程建构，使得各类教育基于课程实现融通一体。教育类型的融通化包括各类学历教育的融通一体、各类非学历教育的融通一体，以及学历教育与非学历教育的融通一体。

随着我国终身教育资历框架体系与学分银行的不断推进，各类教育将以课程为单元、以学分为载体、以资历框架为媒介，实现课程之间的有机组合。基于这种课程之间的有机组合和不断聚集，将自下而上地形成非学历教育项目、学历教育专业以及学科专业群。为此，将这种基于课程有机组合形成不同教育类型的模式叫做融通型的教育建构模式。在该模式下，各级各类教育也将不再有"井水不犯河水"的明显界限，各类教育项目将通过课程单元的有机组合而形成，各种教育类型因为课程的有机组合而实现跨越与融通。由此，课程成为了构建各级各类教育的基本单元。非学历教育项目只不过是多门课程的有机组合，学历教育只不过是多个非学历教育项目的集合。学历教育与非学历教育的鸿沟也因此被打破。同时，各类学历教育之间的差异也因为课程单元的有机组合而实现融通，不同教育类型的相近专业，只不过是不同类型和性质的课程有机组合而已，两者既有相同的课程，也有不同的特色课程。这种基于课程单元的组合，一方面能极大限度地减少课程层面的重复建设，极大限度地实现课程资源的共享；另一方面，教育模式、教育结构、教育层次的已有边界将被打破，并将基于课程单元进行结构和模式的重构，实现各级各类教育的融通。各种教育类型只不过变成了由不同课程组建的外在结构而已。

教育类型的融通化能促进学历教育与非学历教育的一体化发展。两者的一体化发展可以实现教育成本的最小化、面向对象的最大化，打造出更高的成本效益比。对于开放大学来说，就是要实现开放教育、在线培训、老年教育、社区教育以及职业教育等多种类型的融通，促进资源的开放共享；对于普通高校来说，就是要实现普通教育与继续教育的融通，实现校园内办学与校园外办学的融通。

三、专业区隔模糊化

在传统的专业设置中，专业与课程的关系是先有专业再有课程，也就是先有鸡再有蛋。而在未来，在以课程为单元、以学分为载体、以资历框架为媒介的新的教育体系结构中，将是先有课程再有专业，即先有蛋再有鸡。基于不同课程之间的有机、灵活组合，可以形成不同的专业，而且这种专业将会是多种多样的。也因为专业基于课程单元建构，这使得专业之间的区隔模糊化。当前，由国家主导的专业群建设，其目标也是在于打破专业之间的区隔，实现专业之间的融合，以形成更大的学科体系。在更长期的未来，专业的概念还可能被淡化，基于课程单元组建岗位课程体系和职业岗位体系将成为一大趋势。

专业区隔的模糊化，为在线教育实现融通一体的办学，特别是实现专业之间教学资源的开放共享提供了良好的条件。

四、师生关系角色化

终身教育时代是"人人皆师"的时代。每一位社会成员都可依托自身的知识、技能与经验，成为他人之师。教师已经从教育机构的专属职业变成社会化的教师角色。社会成员不管是什么职业，只要他能履行教师职责、承担教学任务，他就是教师的角色。同样，终身教育时代也是"人人皆学"的时代。身处学习型社会的每一位社会成员，不论是什么职业，都拥有一个共同的角色，即终身学习者。当教师和学习者都成为一种角色时，师生之间的关系就变成角色化的关系：学习者承担教师角色时，即为教师；教师作为学习者角色出现时，就变成了学习者。每一个人既可以是教师，也可以是学习者，师生之间已经没有显著的区别。

教师的角色化，将使得教师的流动变得更加自由。当前，由于高校的事业单位属性、教师的编制关系，教师不得不依附于某一所高校，教师虽然可以通过调动或高层次人才引进等方式实现在高校之间的流动，但是往往只是一次性的流动。高校教师流动性不强，使得高校之间的师资难以实现共享。同时，教师在高校相对固定的发展路径，也使得教师难以被激发出更大的事业热情，特别是当教师的职称达到了"天花板"后，更是如此。

师生关系的角色化，需要教师转变观念。学习者不再是固化的学习者，当教学过程需要学习者参与课程建设、分享其技能技术与经历经验时，可以让学习者临时转换为教师的角色，将自身的知识技能与经验经历传授给其他学习者。比如，在"我的学习我做主"之类的学习活动中，可以让学习者变身教师角色，参与课程的设计，建设课程的学习资源，从而使在线课程资源更适合学习者，更能够帮助学习者学以致用。

五、知识建构生命化

传统知识体系的建构通常采取自上而下的建构模式，即从专业人才培养目标到课程教学目标再到章节教学目标。这种自上而下的知识体系建构模式，是出于对已有知识的体系化而建构的，是一种静态的知识建构模式，也是一种分工式的建构模式。为了完成专业人才培养目标，需要建构专业知识体系，那么专业知识体系该如何建构呢？于是按类似思路，便有将专业知识体系分解成若干课程知识体系，然后再分解成知识模块、知识点的建构模式。这种模式虽然容易构建知识体系，但是难以实现知识体系的延展，也容易形成专业与课程间的知识孤岛。在知识不断迭代的今天，新的知识不断产生，就像细胞不断产生一样，知识体系的建构应该模仿生命建构模式，建立生长型的知识体系建构模式。生命建构模式是从细胞到组织到器官再到人体的建构，现代知识体系的建构，也应基于不断增长的知识点建构知识模块，基于知识模块形成课程单元，再基于课程单元通过组合方式形成非学历教育项目、学历教育专业和学科知识体系。

六、资源制作平民化

在线教学发展之初，在线教师的授课视频主要在专业的演播室录制。为了录制高质量的授课视频，教育机构需不遗余力地投资建设演播室，如高清演播室、虚拟演播室等，并配备高清摄像机、高清交互屏幕、虚拟演播设备、非线性编辑机，购置专业的视频编辑软件，如 Adobe Premier Pro 等。

近年来，随着视频、音频录制设备的平民化，一台普通的智能手机就能够实现高清视频的录制。一大批简单、易操作的视频编辑软件（如爱剪辑、Focusky 动画演示大师等）使得非专业人员也能轻松进行视频、音频的编辑。特别是随着快手、抖音等短视频平台的兴起与普及，相对于视频、音频的质量，学习者对内容更感兴趣。为此，虽然资源建设的专业化制作会长期存在，但是资源建设的平民化、草根化趋势将不可逆转。只要教育机构足够开放，教师完全可以随时随地地自主录制授课视频，并将之用于教学。

七、教学场景泛在化

随着信息技术的发展，网络课堂、直播课堂等虚拟教学场所已经走进了平常百姓家，并与传统的实体课堂协同共生共存。随着虚拟现实（VR）、增强现实（AR）等技术的不断成熟，虚拟课堂将变得越来越有真实感。而基于互联网技术、智慧学习技术的充分应用，传统实体课堂也将变得越来越"智慧"，不断走向智慧化和虚拟化。虚拟课堂与实体课堂的逐渐融合，将使得课堂"无所不在"。特别是随着物联网技术的深入应用，智能终端识别技术以及智能代理等人工智能技术的不断发展，各种信息化设备将变得越来越智能，各类智能终端都将成为学习的工具、学习的终端，如智能眼镜、智能手环、智能手表等穿戴设备，更不必说智能音响、智能电视等家电设备了。利用这些智能设备，学习者可以在家里、单位、公园等任何连接网络的地方进行学习，教师也可以在任何地方通过网络实施教学，只要连接网络，任何场所都可以成为学习的场景、教学的场景。

八、授课内容高阶化

"师者，所以传道受业解惑也。"教师的三大主要职能即为"传道""受业""解惑"。"传道"是传科学之道、传专业之道、传为人之道；"受业"是知识、技能的传授与价值观的塑造；"解惑"则是对学习者疑难问题的解答。当前，教师的时间和精力主要用在"受业"与"解惑"上。随着在线课程开放运动的不断普及与推进，海量优质的网络学习资源使得面向学习者单纯的知识传授变得越来越不重要，因为学习者可以通过互联网轻易获得记忆性、基础性的知识与技能。为此，学习者关于知识技能的学习将走向深入、走向高阶。而学习者的学习将逐渐转向深度学习，即关于知识应用，以及依附于知识之上的思想、理念的学习。

我们知道，比知识获取更重要的是思维能力的提升，而比思维能力的提升更重要的是思想的进步、更高格局的形成。为此，在线教师应该为学习者提供高阶性的教学服务，从以"受业"为主，逐渐转变为以"传道"为主，实现教育的进阶。这里的"道"是指基于专业知识之上的规律、原理与方法，基础性的专业知识应更多地引导学习者自主学习，以激发学习者的灵感，提升学习者的思维能力。

对于教师来说，应顺应信息时代的发展，逐渐减少记忆性、基础性知识的传授。这些知识可以通过学习任务让学习者自主获得。教师应加强对学习者应用能力的培养，更多聚焦基于专业知识之上的思想、理论的提炼，在教学过程中传授高阶性的、思想性的、理念性的知识。比如，对在职学习者的技能传授，应基于在职学习者的技能基础，尽可能避免传授学习者已经拥有的、太过于基础的技能性知识，而应基于学习者技能提升与技能更新的要求，传授高阶性的技能。

九、在线学习个性化

"学"是知识技能的输入，"习"是知识技能的内化。学习是知识的获取与消化的过程。学习是输入、消化与输出的完整生态链。在线学习是以互联网为主的一种学习方式，是突破时空的、无拘无束的。学习是一种发现、一种体验，学习的动力是自内而外的。学习不是为了生产同质化的标准人才，而是要凸显个体的差异性，使其成为多样化人才。

信息技术的发展促进了在线学习个性化的实现。基于物联网、大数据分析技术、人工智能技术等，面向学习者实现智能化的学习资源推送，为学习者提供时时处处的学习支持服务已经成为可能。学习者可以基于各种智慧学习技术实现从知识型、生存型的集约化学习转变为自主型、发展型的个性化学习，从而能够自我控制学习节奏，实现以学定教。学习者可以选择自己喜欢的学习方式，按照自己的学习进度，学习自己喜欢的学习内容。学习者的学习内容也将不再局限于教师传授或提供的学习资源，学习者完全可以按照自己的喜好，通过互联网学习自己想学的知识技能。为满足学习者的个性化学习，教师应尽可能采取多媒体手段，如采用游戏化、动漫化、趣味化等方式建设在线学习资源，开展体验式、情境式的教学，为学习者带来学习的愉悦感，促使学习者乐学、易学。

十、教学评价成效化

教学评价是评价教学成效的主要手段和方法。当前的教学评价主要以学习者对课程知识的掌握和运用为评价重点，即以"学"为评价重点，其方式包括形成性评价和终结性评价。在当前评价中，学习者"学"到了，教师便完成了教学任务。由于大学课程的设置往往存在与社会需求脱节的问题，这种以"学"为导向的评价，即使学习者圆满完成了学业，进入社会且走上工作岗位后，很多知识也无法直接应用，甚至需要重新学习。问题主要出在这种教学评价主要关注知识的获得和知识的习得过程而忽视了知识的运用上。

学以致用，"用"才是学习者学习的真正目标。因此，应该将学习者的教学评价转移到"用"上来，也就是采取成效型的教学评价，成效是"用"的效果。基于教学成效的评价包括学习者对课程知识与技能运用的评价，学习者对课程学习的效能感的评价，学习者对课程学习所获得收益的满意度评价。特别是随着信息技术的发展以及在线课程开放运动的持续开展，学习者将越来越容易获得学习机会，学习者可挑选的课程也越来越多，教育从"卖方市场"变成"买方市场"。在这种情况下，只有能让学习者真正受益的课程才是好课程，而要让学习者真正的受益，就需要有基于教学成效的评价。

第二节　开放大学未来新形态

开放大学是信息技术在教育领域应用的引领者，教育普及与教育公平的促进者，终身教育体系的核心建构者。立足现代信息技术的充分利用，开放大学的未来之门将逐渐被打开，开放大学的未来形态将逐渐显现。开放大学将逐渐演变为平台型大学、智慧型大学、泛在型大学、服务型大学。

一、平台型大学

随着学习者个性化学习趋势的日渐增强，学习资源与教师资源的融通共享的日益普及，开放大学这所没有"围墙"的大学将逐渐演变成一所平台型大学。开放大学利用这个平台提供教学资源与教学辅导，而学习者在该平台上进行学习，以获取知识与技能。平台型大学是一所无形的、跨界的大学。平台具有公共性、基础性、开放性，不受空间限制。

平台型大学是一个开放的平台，没有"围墙"，是一个开放型的大学空间，面向社会大众，谁都可以进入，谁都可以离开。每一所开放大学，就是一个小型的终身学习体系，面向社会提供教育服务。

228

平台型大学是一个知识分享的平台，教师可以在这里分享自己的知识与技能，学习者可以在这里获得知识、技能，提升自己的能力。同时，在这个平台上，教师与学习者的角色是可以互换的。只要有一技之长，谁都可以成为教师；只要有学习需求，谁都可以成为学习者。

平台型大学也是一个人才成长的平台。教师在这个平台上可以获得专业发展、自身成长。学习者在这个平台上可以获得知识、技能的提升，实现自身的成才、成长。同时，平台型大学也应是一个人才自由流动的平台，大学的留人不再靠制度的约束，而是靠机制与成长空间留人。

在平台型大学里，教师拥有更为自由的发展空间，拥有更多的职业选择空间，从而更能发掘教师的潜力、激发教师的活力。平台型大学能够为学习者提供更为宽广的个性张扬的成长舞台，学习者可以在大学自由、自主地发挥。平台型大学是真正的"拿来主义"的大学。

未来的大学是自由的殿堂。学生可以自由选择任何课程，学生的学习更像是打游戏过关，不断挑战新的知识领域，学生可以通过不断学习取得不同的能力认证，而不是单纯地通过专业课程的学习获取学历学位证书。学校对学生的评价更多的是能力，且可以通过多种评价手段来判定学生是否达到能力要求。

二、智慧型大学

智慧型大学有两层含义：一是指教育教学目标的智慧化，二是指教育教学的智慧化。

首先是教育教学目标的智慧化。教育的使命是传承人类文明，启迪人类智慧，提高人的心智、能力和素质，塑造人的灵魂。在教育的过程中，开启人的智慧是核心。大学教育的智慧化不仅仅是教育决策、教育管理、教育内容、教育手段、教育方法的智慧化，更要以开启、挖掘和培养学习者的智慧为目标，实施真正的智慧教育。简单地说，教育的智慧化只是手段，而开启和培养学习者的智慧才是目标。未来的大学是智慧的发源地。师生更多的时间是智慧的碰撞，是大胆设想、实验实践、发现问题和解决问题。有志于科研的学生可以与教师进行深度的课程学习交流，研究实践，探索更加深层的技术和未来。对创新与创业感兴趣的学生可以更多关注技术的创新与应用，整合学校乃至社会的资源，针对特定的问题研究解决方案。同时，教师给予学生帮助和指导，让知识和技术尽快转化为生产力。

其次是教育教学实施的智慧化。随着物联网、人工智能、云计算、大数据、5G、VR/AR等现代信息技术的不断发展，开放大学正在转型为智慧型大学。信息技术的快速发展，使得教育的智慧化无所不在，包括智慧化的学习平台、智慧化的学习终端、智慧化的机器人导师、智慧化的自适应学习资源、智慧化的学习内容推送、智慧化的学情分析与数据画像、智慧化的教育管理等。具体来说，有以下三个方面：一是教学实施的智慧化，即通过建构智能化的学习平台，利用大数据、云平台和云服务技术，实现教学的个性化、精准化与多元化。二是教育管理的智慧化，即通过整合各类教育管理业务，建构智能化的管理平台，创新管理模式，实现管理业务与管理数据的互联互通、智能共享，提升管理效率和效果。三是教育教学决策的智慧化，即通过将决策信息数据化，利用数据挖掘、大数据分析技术等，实施数据赋能，为教育教学决策提供精准的数据支撑，引领教育教学决策的智慧化。

三、泛在型大学

泛在型大学是指大学的功能无处不在。在现代信息技术的大力支撑下，开放大学已经具备了泛在型大学的雏形，教师通过学习平台可以实现时时处处的教学，学习者通过学习平台可以实现时时处处的学习，管理者通过信息管理系统可以实现时时处处的管理。然而，开放大学离真正意义上的泛在型大学还有一段距离。

首先是在学习对象的泛在化方面仍然有限。当前，大部分开放大学的学习平台主要面向自身的学习者，面向社会公众开放的资源与内容有限。真正的泛在型大学，应是面向全民开放的大学，任何社会成员均可随时在其学习平台上注册、选课、学习。

其次是在学习资源的泛在化方面存在技术瓶颈。学习资源泛在化的实现关键在于学习资源自适应能力的提升。学习资源的泛在化需要学习资源自动适应各类学习终端，就像变形虫一样，使得学习者在任何学习终端都能获得赏心悦目的学习资源，使得学习资源真正变得普适、泛在。

再次是在学习平台的泛在化方面问题重重。泛在化的学习平台是指能够适应任何终端的学习平台，开放大学不应有多个学习平台，其各类学习数据应该是互联互通的。随着智能代理、数据智能分析与衔接技术的不断涌现，实现各类学习平台的融通一体已经不是问题。然而在现实中，各类学习平台的融通一体仍然存在问题，学习平台对各类终端的自适应也存在问题，这些问题的解决可以促进学习平台的泛在化。

最后是在教学数据的泛在化方面仍待加强。泛在化的教学不仅需要教师能够在各类学习终端实施教学，更需要实现教师教学数据在各类平台、各类终端之间的智慧融通，实现教师在各类终端、平台教学的无缝衔接；泛在化的学习，不仅需要学习者在各类学习终端实现在线学习与在线交流，而且需要学生的学习轨迹、学习数据在各类终端之间的流通，确保不丢失，以便随时随地可统计分析。随着信息技术的发展，教学数据的泛在化必将被全面实现，教师的泛在化教学与学习者的泛在化学习也必将变成开放大学的显著特征和优势。

四、服务型大学

基于学习者的个性化学习需求，开放大学将发展成为真正的服务型大学，将以学习者为中心，促进学习者全方位的发展，而不仅仅是为了满足学习者的生存及职业型、知识型的需求。未来的高等教育也将从授业型的教育转型为服务型的教育，将进一步贯彻以学习者为中心，以服务学习型社会、建构终身教育体系为己任，促进学习者自我完善的学习、终身性的学习。为此，开放大学的职能也将从以知识传授的教师主体向以学习服务的学习者中心转变，从专业知识的传授到素质能力的培养与价值引导转变。

结　　语

我国的开放大学试点，在制度建设、人才培养、模式探索、质量提升、老年与社区教育发展等方面均取得了丰硕成果。站在新的历史发展起点，开放大学需要继往开来、勇于创新、科学布局，实现开放大学的战略发展。

在战略部署上，开放大学应以建构服务全民的终身学习体系为宗旨，以创建一流开放大学为战略目标，通过实施"一体、两翼、三化、四通、五个体系、六个抓手"的战略布局，实现开放大学高质量、一体化发展。

在办学体系建设上，开放大学可以采取内强与外拓并举的策略，在强化开放大学自身办学体系的同时，积极拓展与社会教育机构的合作办学，并通过办学地域与开设专业的错位布局，实现体系内办学与体系外办学的并驾齐驱与协同发展。

在学科专业建设上，开放大学需要以学科建设为引领、以专业建设为主体，通过学科建设引领和促进专业建设，通过专业建设反哺和促进学科建设，实现学科建设与专业建设一体化发展。

在课程资源建设上，开放大学可以立足开放共享，采取资源引进与资源自建相结合的建设方式，通过自建资源建设彰显自身特色的精品资源，培养自身教学团队，并能够促进自身精品资源的社会共享；通过引进社会优质课程资源，整体提升开放大学的课程资源质量。

在人才培养体系建设上，需要以服务全民终身学习为人才培养的基点与起点，通过实施完全学分制，开展专业集群导向的教师队伍建设、智慧引领的数字化教学改革、数据赋能的教学评价改革等，推进学历教育与非学历教育人才培养的一体化。

在开放教育与职业教育的融通上，可以建构互通式、贯通式、衔接式的人才培养"立交桥"，打造两者融通一体的文化共同体、教师共同体、学生共同体和教学共同体，实现两者的优势互补、教学相长。

在终身学习体系的建构上，需要以课程为基点，以建设终身一体学习平台为抓手，采取两翼并举策略，建构协同一体的终身学习体系，实现学历教育与非学历教育协同发展。

在学分银行建设上，可以以学习成果为纽带，建构融各级各类学习者、教育机构、用人单位与政府部门为一体的学分银行共生系统，将学分银行打造成为学习者成才就业的根据地、教育机构人才质量的检测地、企事业单位选人用人的首选地、教育行政部门教育决策的来源地。

在资历框架建设上，有必要建构贯通一体的资历框架体系，包括贯通一体的资历框架等级标准、贯通一体的资历框架服务体系以及贯通一体的资历框架国际衔接等。

对于开放大学的未来发展趋势，信息技术促进了大学分工的职能化、教育类型的融通化、专业区隔的模糊化、师生关系的角色化、知识建构的生命化、资源制作的平民化、教学场景的泛在化、授课内容的高阶化、在线学习的个性化以及教学评价的成效化等。基于信息技术引发的教育变革，开放大学未来将会演变成为平台型大学、智慧型大学、泛在型大学、服务型大学。

东方欲晓，晨光乍现。面向喷薄欲出的曙光，我们畅想未来，一幅幅美好的开放大学画面在眼前浮现，圣殿般的大学课堂，自由奋发的学习氛围，触手可及的智能服务，让我们对未来的开放大学充满憧憬。我们深信，开放大学将变得越来越美好，我们的社会将变得越来越美满！

参 考 文 献

［1］查代春. 开放大学学科建设"1＋N"模式设计［J］. 现代远程教育研究，2020，32（4）：105－112.

［2］常红梅，褚宏启，崔新有，等. 开放教育与开放大学创新发展［J］. 开放学习研究，2021，26（1）：1－5.

［3］陈丽，郑勤华，谢浩，等. 国际视野下的中国资历框架研究［J］. 现代远程教育研究，2013（4）：9－18.

［4］程印学. 新建本科院校学科建设的策略取向［J］. 教育研究，2009（12）：91－94.

［5］崔新有. 大学治理：共建共治共享［J］. 终身教育研究，2022，33（2）：3－9.

［6］丁晓昌. 深化教学改革，提升人才培养质量［M］. 北京：中国水利水电出版社，2014.

［7］国兆亮. 开放大学教育质量标准的基本认识与初步构建［J］. 职业技术教育，2020（1）：30－36.

［8］郝克明. 抓住历史机遇，开创网络教育发展的新局面［J］. 开放学习研究，2017（6）：1－4＋10.

［9］郝克明. 总结经验 开拓进取 开创开放大学发展和改革的新局面［J］. 开放教育研究，2017，23（6）：13－20.

［10］黄宝印，林梦泉，任超，等. 努力构建中国特色国际影响的学科评估体系［J］，中国高等教育，2018（1）：13－18.

［11］季欣. 建设以资历框架为引领的国家学分银行：建设背景分析与"施工图"探讨［J］. 高等继续教育学报，2019，32（5）：1－10＋18.

［12］荆德刚. 开放大学改革：使命、发展与挑战 ［J］. 开放教育研究，2020（04）：4－11.

［13］李春根，陈文美. 导师与研究生命运共同体：理念与路径构建 ［J］. 学位与研究生教育，2016（4）：55－59.

［14］李江. 广东终身教育学分银行建设的基本构想 ［J］. 广东广播电视大学学报，2014，23（2）：1－4.

［15］李静，李莹，张少刚. "办好开放大学"试点带给电大整体转型的战略选择：学历教育的分析视角 ［J］. 广播电视大学学报（哲学社会科学版），2021（3）：85－95.

［16］李梦卿，刘俏楚. 黄炎培职业教育"社会化"思想的多元影响、弱化因由与强化策略 ［J］. 职业技术教育，2016，37（33）：19－23.

［17］李雪婵，关燕桃，李怀俊. 基于资历框架的能力标准开发：粤港的经验 ［J］. 中国职业技术教育，2020（6）：39－48.

［18］李雪婵，赵斯羽，关燕桃. 广东终身教育资历框架的实践和展望 ［J］. 中国职业技术教育，2019（18）：59－64＋70.

［19］刘超球，曹青，周奇. 高职教育与开放教育融通衔接之实践探索 ［J］. 广东技术师范大学学报，2020，41（4）：18－24.

［20］刘献君. 论高校学科建设 ［J］. 高等教育研究，2000（5）：16－20.

［21］柳友荣. 学科建设：新建本科院校持续发展的瓶颈 ［J］. 北京教育（高教版），2008（4）：9－11.

［22］卢文辉，郑绍红. 开放大学运行机制创新研究 ［J］. 中国远程教育，2018（9）：29－32＋61＋79.

［23］鲁明川. 文化共同体视域下的高等职业教育内涵发展 ［J］. 现代教育管理，2012（6）：11－15.

［24］罗三桂，施洁. 慕课助推高职院校教学改革发展探索 ［J］. 中国大学教学，2017（1）：70－73.

［25］马骁，毛洪涛，陈秋生. 完善教学共同体 优化高校人才培养机制 ［J］. 中国高等教育，2010（19）：30－32.

［26］齐幼菊. 瑞典成人职业教育及对我国开放教育实践教学的启示 ［J］. 远程教育杂志，2016（3）：69－75.

[27] "数"说 2020 年福建教育招生考试 [J]. 教育与考试，2021 (1)：2.

[28] 孙长远，庞学光. 惟"何以为生"：职业教育面临的问题及其消解 [J]. 中国职业技术教育，2016 (12)：12 - 17.

[29] 孙平，梁建梅. 开放大学的当下与未来："新时代开放大学建设与展望研讨会"综述 [J]. 广东开放大学学报，2019，28 (6)：1 - 6.

[30] 孙平. 校名的真谛：开放大学内涵的谱系思量 [J]. 广东开放大学学报，2018，27 (4)：1 - 8.

[31] 滕尼斯. 共同体与社会：纯粹社会学的基本概念 [M]. 林荣远，译. 北京：商务印书馆，1999.

[32] 王伯军，彭海虹，贾红彬，等. 上海社区教育的发展模式研究 [J]. 成人教育，2018，38 (7)：44 - 51.

[33] 王多兵. 基于思想政治教育第二课堂建设的高校"民汉学生共同体"构建探索与实践 [J]. 教书育人（高教论坛），2019 (21)：48 - 49.

[34] 王海东，邓小华. 我国学分银行与资历框架建设探索：进展、问题与对策 [J]. 中国远程教育，2019，40 (12)：55 - 60 + 93.

[35] 王建华. 基于学科，重构大学 [J]. 教育研究，2011 (10)：110 - 111.

[36] 王立生. 落实十九大精神 加快推动国家资历框架建设 [EB/OL]. (2018 - 04 - 19) [2020 - 06 - 26]. http://www. moe. gov. cn/jyb_xwfb/moe_2082/zl_2017n/2017_zl76/201804/t20180419_333588. html.

[37] 王绍博，罗小龙，唐蜜，等. 基于共生理论的临京临沪地区跨界融合发展对比研究 [J]. 地理科学，2019，39 (11)：1681 - 1690.

[38] 吴钧. "学分银行"实施的困惑与思考 [J]. 教育发展研究，2011，31 (Z1)：89 - 92.

[39] 吴晓蓉. 共生理论观照下的教育范式 [J]. 教育研究，2011，32 (1)：50 - 54.

[40] 徐励，赵平. 现代信息技术在职业教育实训教学中的应用 [J]. 中国职业技术教育，2007 (28)：13 - 14.

[41] 徐美恒. 开放大学专业建设和学科建设的必要性与紧迫性 [J]. 天

津电大学报，2013，17（2）：23-26.

［42］薛晶洁．欧洲通行证运作模式及对我国学分银行建设的启示［J］.
开放教育研究，2018，24（1）：112-118.

［43］杨晨．我国"学分银行"建设的三大问题［J］．中国远程教育，
2012（6）：41-46+95-96.

［44］杨公鼎，褚宏启．承前启后探索开放大学之路［J］．开放学习研
究，2020，25（2）：1-8.

［45］杨志坚．中国开放大学之路［J］．中国远程教育，2019（6）：1-
7+92.

［46］叶宏．新时代开放大学高质量发展视域下的教学变革［J］．远程教
育杂志，2019（6）：3-11.

［47］余燕芳，韩世梅．学分银行平台的知识汇聚与个性化推荐系统应用
研究［J］．中国远程教育，2017（3）：45-51.

［48］喻忠恩．从社会化到化社会：黄炎培"大职业教育主义"之内涵
［J］．广东技术师范学院学报，2017，38（4）：1-5+17.

［49］袁纯清．共生理论及其对小型经济的应用研究（上）［J］．改革，
1998（2）：100-104.

［50］袁雯．建设中国特色一流开放大学：目标内涵与行动策略［J］．开
放教育研究，2018，24（3）：12-18.

［51］袁雯．向着理想的开放大学前行：办开放大学的实践与思考［J］.
开放学习研究，2021，26（1）：6-9+38.

［52］袁雯．在理想与现实之间前行：开放大学的上海实践［J］．开放教
育研究，2020，26（4）：18-23.

［53］曾祥跃，缪玲．终身一体在线学习系统的智慧建构：以广东开放大
学为例［J］．中国成人教育，2020（11）：15-19.

［54］曾祥跃．继续教育范畴论［J］．当代继续教育，2017，35（1）：4-8.

［55］曾祥跃．继续教育学［M］．广州：中山大学出版社，2021：121-122.

［56］张璐．基于文化共同体构建的民族非物质文化遗产保护探究［J］.
贵州民族研究，2019（6）：59-62.

［57］张伟远，王晓霞，谢青松．开放大学办学模式和质量保证机制的国

际比较 [J]. 中国远程教育，2018 (9)：22 – 28 + 52 + 79.

[58] 张伟远. 国家资历框架的理论基础和模式建构 [J]. 中国职业技术
教育，2019 (18)：28 – 35 + 45.

[59] 张璇. 基于学习成果认证制度的学分银行建设探索 [J]. 中国职业
技术教育，2020，754 (30)：31 – 40.

[60] 钟秉林，李志河. 试析本科院校学科建设与专业建设 [J]. 中国高
等教育，2015 (22)：19 – 23.

[61] 周晶晶，孙耀庭，慈龙玉. 区域学分银行建设的困境与思考 [J].
开放教育研究，2016，22 (5)：55 – 60.

[62] LEAVY A M & HOURIGAN M. Using lesson study to support knowledge
development in initial teacher education：insights from early number class-
rooms [J]. Teaching and Teacher Education, 2016 (57)：161 – 175.

[63] PERRY N E, WALTON C, CALDER K. Teachers developing assess-
ments of early literacy：a community of practice project [J]. Teacher
education and special education, 1999 (4)：218 – 233.